民國文存

101

讀書與寫作

李公樸 編

知識產權出版社

該書分為"讀書之部"和"寫作之部",收陶行知、曹聚仁、章乃器、征農、柳乃夫、李公樸、周楞伽、夏丏美、蔣懷青等人所寫的有關讀書方法和經驗、寫作方法和經驗的 44 篇文章。這些文中大多切中現實生活,深入淺出地闡發讀書和寫作的道理,對於指導青年人的學習和生活,引導青年人不斷進步具有積極的啟發意義。

責任編輯:文　茜　　　責任校對:谷　洋
封面設计:正典設計　　責任出版:劉譯文

圖書在版編目(CIP)數據

　　讀書與寫作／李公樸編. —北京:知識產權出版社,2016.11
　(民國文存)
　ISBN 978-7-5130-4514-8

　Ⅰ.①讀…　Ⅱ.①李…　Ⅲ.①讀書方法—研究②文學創作—研究　Ⅳ.①G792-53②I04-53

　中國版本圖書館 CIP 數據核字(2016)第 243091 號

讀書與寫作
Dushu yu Xiezuo
李公樸　編

出版發行:**知識產權出版社**有限責任公司
社　　址:北京市海淀區西外太平莊 55 號　　　郵　編:100081
網　　址:http://www.ipph.cn　　　　　　　郵　箱:bjb@cnipr.com
發行電話:010-82000860 轉 8101/8102　　　傳　真:010-82005070/82000893
責編電話:010-82000860 轉 8342　　　　　　責編郵箱:wenqian@cnipr.com
印　　刷:保定市中畫美凱印刷有限公司　　　經　銷:新華書店及相關銷售網點
開　　本:720mm×960mm　1/16　　　　　　印　張:15.75
版　　次:2016 年 11 月第一版　　　　　　印　次:2016 年 11 月第一次印刷
字　　數:188 千字　　　　　　　　　　　定　價:54.00 元
ISBN 978-7-5130-4514-8

民國文存

（第一輯）

編輯委員會

文學組

組長：劉躍進

成員：尚學鋒　李真瑜　蔣　方　劉　勇　譚桂林　李小龍

鄧如冰　金立江　許　江

歷史組

組長：王子今

成員：王育成　秦永洲　張　弘　李雲泉　李場帆　姜守誠

吳　密　蔣清宏

哲學組

組長：周文彰

成員：胡　軍　胡偉希　彭高翔　干春松　楊寶玉

出版前言

　　民國時期，社會動亂不息，內憂外患交加，但中國的學術界卻大放異彩，文人學者輩出，名著佳作迭現。在炮火連天的歲月，深受中國傳統文化浸潤的知識分子，承當著西方文化的衝擊，內心洋溢著對古今中外文化的熱愛，他們窮其一生，潛心研究，著書立說。歲月的流逝、現實的苦樂、深刻的思考、智慧的光芒均流淌於他們的字裡行間，也呈現於那些細緻翔實的圖表中，在書籍紛呈的今天，再次翻開他們的作品，我們仍能清晰地體悟到當年那些知識分子發自內心的真誠，蘊藏著對國家的憂慮，對知識的熱愛，對真理的追求，對人生幸福的嚮往。這些著作，可謂是中華歷史文化長河中的珍寶。

　　民國圖書，有不少在新中國成立前就經過了多次再版，備受時人稱道。許多觀點在近一百年後的今天，仍可說是真知灼見。眾作者在經、史、子、集諸方面的建樹成為中國學術研究的重要里程碑。蔡元培、章太炎、陳柱、呂思勉、錢基博等人的學術研究今天仍為學者們津津樂道；魯迅、周作人、沈從文、丁玲、梁遇春、李健吾等人的文學創作以及傅抱石、豐子愷、徐悲鴻、陳從周等人的藝術創想，無一不是首屈一指的大家名作。然而這些凝結著汗水與心血的作品，有的已經罹於戰火，有的僅存數本，成為圖書館裡備受愛護的珍本，或成為古玩市場裡待價而沽的商品，讀者很少有隨手翻閱的機會。

鑑此，為整理保存中華民族文化瑰寶，本社從民國書海裡，精心挑出了一批集學術性與可讀性於一體的作品予以整理出版，以饗讀者。這些書，包括政治、經濟、法律、教育、文學、史學、哲學、藝術、科普、傳記十類，綜之為"民國文存"。每一類，首選大家名作，尤其是對一些自新中國成立以后沒有再版的名家著作投入了大量精力進行整理。在版式方面有所權衡，基本採用化豎為橫、保持繁體的形式，標點符號則用現行規範予以替換，一者考慮了民國繁體文字可以呈現當時的語言文字風貌，二者顧及今人從左至右的閱讀習慣，以方便讀者翻閱，使這些書能真正走入大眾。然而，由於所選書籍品種較多，涉及的學科頗為廣泛，限於編者的力量，不免有所脫誤遺漏及不妥當之處，望讀者予以指正。

編者的話

《讀書生活》從第三卷起，為了當前實踐的需要，決定以現實的反映、大眾的認識的發展及民族抗爭生活的理論指導為目標；純粹討論讀書及寫作的文字，就比前兩卷少得多了。最近常常接到許多讀者的來信，要求《讀書生活》恢復從前的狀態，多登一點讀書的問題。但因篇幅等等關係，在事實上是不可能的了。為了補救這一點，特把這本《讀書與寫作》編印出來，以供一般讀者的需要。

關於"讀書"，人人都知道是為了求知，為了啓發思想、認識環境；但過去及現在有很多人對於讀書的認識不正確，只知死讀，沒有適當的方法；只知向書本子求知識，而不了解求知與實踐的關係，所以他們不但不能得到讀書的利益，有時反為書本子所迷誤了。

近來有很多人對這問題，雖曾表示過不少意見，但多是散見各處；到目前為止，比較適當的，指示人們讀書求知的書，還是很少。

《讀書與寫作》的出版，可說是彌補了這一部份的缺憾。在這本書裏雖只包括三十幾位著者的意見，但這些意見並不是什麼書生們的獃話，而是各著者從實踐中得來的經驗。在這裏面是一致的指出讀書與生活的聯繫性、求知的途徑與讀書的方法等，而對於讀書的認識，更是嚴厲的糾正了那些"為讀書而讀書"等等讀書論的錯誤，提示了正確的讀書態度。

　　至於寫作方而,這裏的材料似乎比較少些,但在那八篇文章裏,已經把寫作方法的種種問題,如題材的選擇、寫作的技巧及寫作的態度等,都很扼要的講到了。這對於一個學習寫作的人,實在是很需要的。

　　總之,這本書雖不能說是十分完備,但讀過後,對於這些問題,應可得到一個明確的概念了。

　　關於編選本書的另一目的,乃因有許多讀者要補購過去的《讀書生活》,但《讀書生活》一、二兩卷的紙型,由於印刷所的失慎,已全部燒毀,事實上是無從再版了。因此就決定把一、二兩卷中比較有系統的文字,分類刊印叢書,以作補救。現在已出版的是:《大眾哲學》(原名《哲學講話》)、《如何生活》《知識的應用》《社會相》《我們的抗敵英雄》(科學小品集)、《生活紀錄》和這本《讀書與寫作》。這樣,在一、二兩卷裏的重要材料,差不多都已編選進去。所以無論新舊讀者,如能買齊這幾本叢書,那就等於補齊了第一、二兩卷的合訂本;並且一切材料,都經過精選,這對讀者的經濟及時間上更是便利了不少。

李公樸,一九三六,九,三十

目　錄

讀書之部

寫作之部

讀書之部

一、讀書概論

大衆讀書談

陶行知

（一）賣報孩子

"你們把報賣給人看，自己也能看報嗎?"

"看不懂。"

"讀了書，就會看報。你們願意讀書嗎?"

"願意的，可惜沒有人教。"

"我們請一位先生來教你們，好不好?"

"好的。先生那一天來?"

"說來就來。你們早報什麼時候賣完?"

"十點鐘。"

"晚報什麼時候賣?"

"五點鐘就要去販報來賣。"

"你們要讀書，總得要找一個地方，那家的房子大些，可以去借借看。"

“呂公義家裏大些，和他媽媽說說看。”

“讀了書，要教人。我們請先生來教你們，你們還要教家裏的人和隣居的窮孩子，願意不願意？”

“願意的，不會教人怎樣辦？”

“讀一課，教一課，怎麼不會？如果真的不會，請教先生。”

“好的。我教媽媽好不好？……我教小妹妹行嗎？”

“行！每個人教兩個人。一面溫書，一面教人，把別人教會了，自己的功課也溫熟了。一彈打中兩隻鳥，對不對？”

“對！一彈打中兩隻鳥。”

呂公義得到媽媽的許可，賣報兒童工學團出世了。這裏有一張八仙棹，凳子不全，有些小孩要站着上課。黑板、地圖是捐來的。一位青年天天來盡義務來教他們二小時。他們每人要教別人半小時。他們靠賣報吃飯，賣報就是他們的工。每天求些新知識就是他們的學。有了這個小小組織，遇事人家商量，就是他們的團。這是一個小小工學團。這是一個文化細胞。他們已經讀完四册《老少通》，接着讀《高級市民課本》，並學看他們自己所賣的報。

（二）小農人

“你們辦的兒童工學團有幾個小先生？”

“九個。”

“有幾個團員？”

“八十幾位。”

“你們遇着的最大的困難是什麼？”

“我們做了小先生全天都在團裏工作，家裏少了一個人，事做不了，飯不夠吃，父親埋怨喲。”

"你們父親怨得很對。你們為什麼丟掉飯碗工作來做小先生啊?"

"那末,怎麼辦呢?"

"你們素來在家裏幹什麼事?"

"跟父親種田……種菜……種瓜……守牛……"

"好,種田的仍舊種田,種菜的仍舊種菜,守牛的仍舊守牛。抓住你的飯碗求學,抓住你的飯碗教人。每天學一點鐘,教一點鐘,試試看。"

"這樣,家裏的人就高興了。不過兒童工學團的功課不是減少了嗎?"

"那是當然的。如果不減少功課,這工學團就要變成一個吃人的學校,而不是一個自救救人的工學團了。"

"對! 我們九個人輪流來教。"

在這個方針指導之下,杭茂祥小先生來信說:"我在農場上種了西瓜,常常要捉蟲澆水。我從'做'上'學'種西瓜的方法。現在正有很大的西瓜結着。我的試驗成功,可以自己安慰自己啦。"杭金洪小先生也來信說:"在九個小先生之中,分兩班,一班可以上午教人,下午回家工作;另一班在下午教人,上午工作。小先生有飯吃了。"這"有飯吃了"四個字是說得太容易了,但是抓住工作去求學教人是小農人上進的重要法門,那是無可懷疑了。

(三) 女 工

"你為什麼要辦這個學校?"

"我們廠裏十二點鐘放工人出廠吃飯,一點鐘才許工人進廠做工。我們吃飯只要十分鐘,足足有半小時閒着。常常有男人跟着我們釘梢,實在討厭。因此我向姊妹們提議大家來讀書,贊成的有二三十人，我們就開辦了。”

“你們怎樣借到這個課堂?”

“起初我們是在一個弄堂裏，露天上課，那些男人還是跟來圍着看。我們不得已只好和這裏校長商量借一個課堂給我們，本來小學校是十二時放飯，一時半上課，課堂是空着，校長又熱心，就借給我們，從此我們是能安心了。”

“我看你教得很好，你是在那裏讀過書?”

“我在民衆夜校裏讀過書，現在還是每天晚上去求學。”

“你為什麼要這樣吃苦教人?”

“我既然得了一點小學問，就應該幫助我們小姊妹。這是我的責任。我很高興幹。並不苦。”

這位熱心的女工，早上要走八里路來上工，晚上要走八里路回家；除了做十一點鐘工外，午刻要教半小時功課，晚上要求一小時學。她的學校已出二三十人增加到一百人，由一校而分為兩校。我十分高興的提出這位新時代的女子來做我們的表率。我不願意說出這學校的地址，因為一說出來，一定有許許多多人要去參觀，她們只有半小時，那有這許多工夫來招待呢? 讀者如果一定要參觀，卽請各人自己辦牠一個就近參觀好了。

（四）識字農人

“你從前在那裏讀過書?”

“在私塾裏讀的。”

“讀了多少時候?”

“八個月。”

“操先生來過後，你跟他學過多少時候?”

"兩個月。"

這是一年半前我和孟阿根的對話。那時他拿了他親筆寫的五萬字的日記給我看，使我得到一個很大的暗示。一位受了八個月私塾死教育的農人是一封信也不會寫，經過二個月的新啓發居然能把死字活用，寫出生動的農人文學，這不是一件大事嗎？在私塾教育的基礎上來改造農人的頭腦與文化，是我們今後必須努力的一件工作；改造現存的私塾，使這基礎易於接受現代文化，更是農人讀書之一大助力。

（五）送花車夫

"你們這樣夜深呆等在這個荒野的地方做什麼？"

"等農人送花來，拉到上海去。"

"天天在這兒等嗎？"

"風雨無阻，天天來的。"

"什麼時候等起，等到什麼時候？"

"從晚上十時要等到十一時。十二時是必須拉到。"

"一共有幾部車？"

"二十部。"

"你貴姓？叫什麼名字？"

"我姓王，名字叫兆其。"

"我去請一位先生天天晚上在橋邊教你們讀書好不好？"

"歡迎。我們一到這裏就讀，等到花來就歇，每晚可以讀一個鐘頭咧。"義務先生已經請好，正在預備開課了。

（六）小車上流動工學團

"你貴姓？"

“我叫老吳。”

“你這部車能推幾個人？”

“男人六個，女人十個。”

“你推來這些女人做什麼的？”

“她們是紗廠工人。”

“幾個錢推一趟？”

“包月的。每月一元四毛大洋一個人。每天一接一送。”

“每天什麼時候送，什麼時候接？”

“我早上五點鐘推她們去，要到五點三刻才到廠。晚上六點鐘我在工廠旁邊等她們，要到六點三刻才能把她們送回家。”

“你每天推幾個人？”

“有九個人包了我這部車。”

“好，吳大哥，謝謝你，你車上這九人當中有認得字的嗎？”

“那個，我不知道。”

談了這幾句話，在我的腦袋中是浮出了一個小車上的流動工學團。在小車上教女工讀書是一件極自然而經濟的事。我們如果在每部車上找着一兩位識字的女工，這件事就會辦得成功。叫識字的坐在中間，不識字的坐在兩邊，拿起書來教，這是多麼便當啊。手車是手工藝時代最高之發明。除非是上海交通制度起了根本的變化，這手車是什麼東西也打牠不倒。有軌電車、公共汽車都不能把牠排擠掉。一部車上坐十個人，每人一元四角，車夫再推一些零星客人，就可以糊口。女工每月出一元四毛便可坐六十次車，每次十里只化銅板八個，那是最經濟了。現在已經有人自告奮勇，試辦手車流動工學團，我們預祝牠的降生吧。

勸世人莫讀古書文

曹聚仁

朋友們：

我一生一世，別的沒有什麼吃虧；吃虧自幼讀了幾句古書，永遠在腦壳裏作怪。我要進一步，死鬼就拖我退後十步，不稂不莠這樣沒出息，想起來好不痛心！諸位要當心隔壁鬍子伯伯想害人，他自己吃了古書虧，像我一樣沒出息，還日思夜想，想找幾位做他的替死鬼呢！諸位總聽過河水鬼討替身的故事罷，鬍子伯伯嘴裏說得甜蜜蜜，年輕朋友，人人要當心！

第一，要勸列位莫要讀《五經》。《尚書》五十九篇，其中一半是假的，還有一半是從前帝王的告示、宣言、通電，不讀不看有什麼要緊？《易經》是一本求籤簿，上上下下，吉凶晦吝，和我們半點也沒有關係，為什麼怕鬼唸心經？《禮經》說來更可笑，今文家把禮儀當寶貝，古文家把《周禮》當聖經，經學大師自己還沒弄分明。還有那部《春秋》最可笑，一本破爛流水賬，孔老夫子做夢也沒看見過，孟老夫子硬派他定褒貶、誅亂臣。可笑那康有為拿《公羊傳》來變戲法，章太炎把《左傳》祭起定妖魔，一場混戰鬧不清。本來還有一部《詩經》載民歌，男男女女說私情；只因為《大序》《小序》把邪呀正呀說了一大套，再加鄭箋朱傳，把一部好書越鬧越胡塗，看註不如看白文。朋友呀！我們年紀都很輕，不讀五經不要緊！

第二，要勸列位莫要讀《四書》。《四書》自從南宋流行起，那一套明心見性的把戲，夠你一生一世打斛斗了。宋人的道理，都從

《佛經》那邊偷過來，穿上一件儒家衣衫像煞一位新聖人；抓住狐狸尾巴看一看，還是那麼一個老妖精。《大學》《中庸》本來只是《禮記》裏面兩篇短文章，宋人自程子以後，你一定本，我一定本，都說是聖人本意；孔子不復生，只好由他們胡鬧了。清朝乾隆年間，有一位孩童問得好：「程子生在一千年以後，怎麼知道孔子之道曾子述之呢？」問得那老師啞口無言。那孩子便是後來的戴東原，他一生讀書眞細心。宋人要把《大學》《中庸》當作方法論，列位不玩哲學的把戲，讀牠做什麼呢？《論語》味道本來比較好，可是列位還年輕，三十、四十去讀不算遲。列位如若不信我的話，孔聖人說：「水哉水哉！」究竟何取於水呢？《孟子》，那更不必讀，大學專科研究政治學、社會學，再把《墨子》《荀子》《韓非》對照着讀，才有眉目門路呢！朋友呀！我們年紀都很輕，不讀《四書》不要緊！

第三，要勸列位莫要讀古文。古人作文，大半為死文。韓退之受金譽墓不必說，一部《古文辭類纂》，碑、誌、銘、贊、傳、狀、誄……滿紙鬼氣陰森森。古代文人大半都是書癡子，咬文嚼字花樣固然多，人情世故、民生經濟全不懂。翰林學士，趕人問四川近海不近海；堂堂御史，說緬甸、安南在日本之北，南北聯合打日本。唐宋八大家文章，這樣的笑話，多得很，多得很！你看韓退之《送孟東野序》，多少冬烘先生搖頭擺尾哼個不休。我請問，上面說「凡物不得其平則鳴」，下面「天將和其聲而使鳴國家之盛」，這一段作何交待？這樣前後矛盾的文章，至少該打十下重手心；居然千人萬人都朗誦，你看舊文人看文章有沒有眼睛！朋友呀！我們年紀都很輕，不讀古文不要緊！

第四，要勸列位莫讀正史。正史都是帝皇相斫書，一家一族的興亡，干我們什麼鳥事！要知道本朝天子總是聖明比堯舜，史官瞞這瞞那騙後人。還有權臣可用勢力來壓迫，顛倒黑白是常情；還有金錢可賄改，富貴子孫把祖宗罪過改換過。十件史事那有一件眞？而且不懂統計學，不懂社會學，不懂經濟學，怎看得清社會變動的前因與後果？沒有社會科學做根基，讀正史正如在大海上沒有指南針，怎能辨清方向呢！朋友呀！我們年紀都很輕，不讀正史不要緊！

第五，要勸列位莫要看古書。諸子百家的書，錯簡錯字、脫句脫節，不知有多少；要等專門學者整理個五十年、百年，才有頭緒可得，要等地下的古物出來，才有正確的意義可講；等我們的孫子出世，恰好是時候。後世千千萬萬的文集，正如一千種、一萬種雜誌，砂❶裏淘金，未始沒有一二處好的，也得等待圖書館專員把那些子目做起索引來，才有線索可尋；我們目前飯都吃不飽，活都活不成，那有閑工夫想這些爛東西！朋友呀！我們要愛惜我們自己的精神，不看古書不要緊！

第六，要勸列位莫要尊古人。古人的世界好比螺絲壳：泰山雖高，怎及得喜馬拉亞山？渤海雖廣，怎及得太平洋？古人的眼光好比菜油燈："聲是無常"，我們居然映電影（有聲電影），雷公菩薩，我們請他運東西。古人的知識好比那劉姥姥，釋迦牟尼看不見電子世界，孔老夫子想不到太陽以外還有大恆星。從來說"子能跨灶"，"青出於藍"，"學生好過先生"。我們若相信事事不如古人，一代不如一代，你想想：胎生變卵生，爬行變兩棲，一代代退化下去，全人類都變成阿米巴，請問孔老夫子坐在大成殿上吃起冷猪肉來有什麼趣味？朋友們，我們要相信我們自己的能力，不尊古人不要緊！

最後，要請列位聽分明：古書好比鴉片烟，吃了鴉片，一半像

---

❶ "砂"，今作"沙"。——編者註

鬼❶半像人；古書好比花柳病，惹了細菌，子子孫孫毒滿身；我們活人要走活人路，何苦替死鬼僵屍勞精神！列位呀！我這樣苦心勸世說眞話，若是鬍子伯伯還要橫着面孔來生氣，唉！那才是"勿識好人心，狗咬呂洞賓"！

---

❶ 此處疑脫漏一"一"字。——編者註

打倒對書的靈物崇拜性

柳　湜

（一）

極平凡的東西，往往也就被看做極神祕的。極容易開口說的話，往往也就是最難說的。譬如就讀書說，白紙印黑字的東西，現在叫做書，這是三歲孩子都知道的事，但有千千萬萬的成人，雙膝跪倒在這白紙黑字前膜拜。人類這東西，常常記性不好，本來是用泥土和水塑成的一個偶像，由自己的心意，和雙手造成的，等到變化龐然一物擺在自己的面前時，就會覺得神祕起來，不知不覺的就拜倒在這泥團前。

這樣的例子，多得會數不盡。用一頭羊和一匹布交換的時候，一點不覺得神奇，等到大龍洋（應該說貨幣）出世的時候，人類的頭就發昏起來，變為拜這銀神或金神了。

是的。書這魔物現在的神祕性，實在不衰於這銀神、金神在這世間的勢力。

"書"雖然變為魔物了，古今中外的人，對這魔物歌誦的言辭、流佈的說教，就多得"汗牛充棟"；書的真實的面目被蓋住一層層遮祕的外衣，這些神把一個讀書界鬧得了烏煙瘴氣，把許多活潑的人弄得死頭昏腦，一生埋在字紙堆裏。

於是乎，世間生出了一些叫做書癡子、書蠹、"為學問而學問"的"純粹學者"、"開卷有益"派等等的怪物來。

　　你想，從讀過"三百千"起到肚皮裏裝了萬卷的"學者"止，雖然各人讀書的深淺不同，猶如花子手裏握着一個銅板與摩爾根家裏兆貫家財之比一樣，但他們總都見過白紙黑字，這猶如花子和資本家同看過錢幣一樣，總是事實。你能否認這事實麼？

　　因此談到"讀書"，從"三百千"的朋友，到讀破萬卷的學者，既然與書都有些緣分，也就自然對書各有意見的。不！連沒有福氣讀過"三百千"的文盲，他們中也許仍有幾位"博雅"的人，要發些意見的。他們的意見自然是從別人方面，耳食得來。這一來，就會生出五花八門的意見，會生出一種神祕之感來。於是越說就越說不清楚，人人容易開口說幾句的話，也就越變為最難說的話了。

　　這是怎樣說的呢？

　　這是因為對書變為靈物崇拜了。

　　中國人一向是過於看重書本子的。敬惜字紙到今日還被人在那裏提倡，這明明是靈物崇拜的證據。"書"既然這樣被人看重，讀書這一事就變為萬般的上品了。

　　雖然近幾十年來，我們要感謝資本主義的侵入和士大夫階級的沒落，對於讀書人的信念稍微變化了一點，對於書的神祕性也解放了一部份，但對書的靈物崇拜性並沒有完全消滅。"開卷有益"的教義，仍然是讀書界支配的勢力。舊的駝背冬烘，語必堯舜，言必文縐縐的書癡子，雖然快消滅了，但新的直背洋裝的紳士，口操"語錄夾洋語"，掛着"為學問而學問"的"純粹學者"的牌子的人又代替了他們。還是在"萬人之上"宣傳中外的聖教。

　　所以今日讀書界，連學校也包括在內，對於書以及讀書的觀念，都仍是充滿靈物崇拜的觀念；讀書的方法，自然是非科學的、非實踐的玄學法。

（二）

"書"這東西能夠受到人的膜拜，自然不是偶然的。當我們的祖先，把簡單的圖書或象形文字刻在樹皮、竹片或土塊上的時候，那時對於這類文字和刻有文字的樹皮、竹片或土塊不過是供記憶的實用，不會生出神祕的觀念來的。等到這類東西被某一部份人獨佔了，文字進化的更繁複，筆、墨、紙這類東西發明了，於是能夠寫作著書的人，自然早已是極少數上層的支配者；這時識字的人少，抄寫的艱難，書的被人尊貴，讀書人被人看得起，都是同財產所有緊緊關聯的。書在這一時期，不僅是記社會經濟生活中的事項和經驗，同時也變為管理人與說服人的工具了。在知識被少數人獨佔的時期，書的神祕性是必然要發現的。

活字印刷術發明，動力印刷機出現，雖然書的神祕性要洗淡許多，隨着讀書人的加多，著作人的加多，自然，人們對於書的觀念也一天天不同起來，但是在印刷所還是某一部份人個人的財產的時代，在學校的鐵門還不能公開給任何人的時代，書的靈物崇拜性，讀書觀念上的神祕性，總不會完全消滅的。

在這一時代，有書讀的人是與有財產成正比例的。財產的關係，決定了他的社會意識，同時決定了他對於書的看法、讀書的態度、讀書的方法。

"書"在今日資本主義國度內，其生產量的巨大，真會使人驚奇。莫說中國古人說的"讀盡天下書"是一句狂妄的話，就說讀完某一專門部門的書也簡直成為不可能了。今日這繁複的社會生活下的人，即令你有讀書的機會，有讀的書，你也會被這書的洪水淹沒下去。雖然這巨大的書籍的產生，就是表示人類文化的前進、人類文化的結晶，可是這巨額的生產中并不都是精潔無疵的純玉，它是魚目與珠的並呈、眞理與說謊夾雜的；它好比一塊礦石，常常是合金，或者是塊頑石，其中是否含着金沙，你不將它下爐鎔解；你還不能把握，你抱了一塊頑石，就認為是發了大財，這不是天大的笑話麼？

如果像這樣樸素、簡單，那也罷了。這塊知識的磚塊，名叫書的東西，你如果一接近它，你不是僅僅把這白紙黑字的紙片，抱在懷裏，你是將它裏面的眞理或說謊，搬進腦裏去；你的腦子，就好比是一個照像機，那多縐的腦壁就好比沒用過的膠片，你把你還不知道是眞是假的東西，隨便的搬進去，隨便的濫用了你的膠片，那是何等的不合算而又危險的事呢！何況著作者的每一句話每每像一顆帶着糖衣的丸藥一樣，在誘你一口吞下，而書面又每每的印着燦爛的金字，用着柔軟軟的牛皮封面引你忘記它的毒性呢！

這眞是件危險事，一不留心，你的腦子弄壞了時，你會向本來是你的敵人下跪下拜，反過來怒視你的兄弟朋友。你會好像吃醉了酒的一樣，東倒西歪，分不清紅黃藍白。你會做出妨害人類的進化，助長惡魔的勢力，成為老虎的一個爪子，無端的把人類不幸的歷史拉長起來。

是的，不能接近書本子的人是文盲，是今日社會中最不幸的人，但是你能接近它，你就幸福了麼？不見得呀！

（三）

但是，一個靈物崇拜者是看不見這一些的。你看他的對於讀書的態度，是什麼呢？是"開卷有益"，祇要打開書讀，你就會得到益處。這是何等的詭辯啊！這裏很輕巧的把眞偽混同起來，有意無意的讓它去碰運氣，去吸收滋養或中毒。

我曾經寫過一篇《開卷有益辯》，對於這四個字的神祕，頗盡了一點搗毀的職責。我是身嘗過這四個字的教訓的，在這裏，我不想重複的去說它，就抄一段在下面罷！

到十八歲的那一年，我却又受到開卷有益的又一次教訓了。這次給教訓的人不是先生，而是湖南都督張敬堯大帥的令弟張四帥。當時湖南學生好管閑事，是有名的，那一次大概是因為大帥要將湖南在湖北的官產鸚鵡洲的地皮出賣，學生起來反對的緣故罷！於是有所謂羣衆運動了。我們都"關"了"卷"來到街頭，高喊打倒張敬堯，後來我們被大帥的兵包圍住，要我們來聽四帥的訓話，四帥就說了幾千個"媽的巴子！"但最後也勸我們讀書，捧出了"開卷有益"四個字，要我們以後不要管閑事，只許在書齋裏翻翻書頁子。

這樣文雅的四帥就是在今日也還是能遇見的罷！這不過是開卷有益的一個祕密："不要你管閑事。"這些說教者是武人，他本身是不會"開卷"，也不要這"益"處的。他們的說謊，當面就會使你覺得要笑，不見得可以使學生就不鬧了。

如果這話不是武人說的那就不同了。他的目的明明不僅是要你不管閑事打止，而是要你吸收書本子內的"益處"。我小時曾經參觀過一個礦坑，記得整個礦區的設備都是簡陋不堪的，但有一個堂皇華美的教堂，並且夜晚或星期日還教礦工讀書。我當時很覺得驚奇，想了三晚也想不出它的目的。同去參觀的四弟，也發出為什麼礦區有了教堂、又不禁止礦工家內唸佛的愚問。到後來，才恍然大悟。他們要的是你馴服，用"聖經"或"阿彌陀佛"都是沒有分別的。

就離開宗教說罷！凡是勸人"開卷有益"的，不是陰謀家，就是自己本身是一個書蠹，或者精神上受了傷害者；不管你身上穿的是洋裝或者是華服，不管你是遺老，還是簇新的外國博士，或者是一個馴服的小羊。

總之，這是有意或無意使人甚或自己，離開現實，走入謬誤認識中去；是使人，甚或自己的精神去接受腐爛的支配的社會意識，但這是很毒惡的，因為它不許你有獲得一個正確認識的工具的機會，反從工具上解除你認識的武裝。

（四）

在讀書方法上，這些靈物崇拜者自然不是主張隨便去讀、胡亂去讀，就是所謂客觀的態度，把維太命和砒霜一齊擺在你的面前，隨你去檢。這種方法，在今日中國的大學中還是通用的。譬如講什麼是資本，就把世界各國過去以及現在的經濟學家的解釋"不加己見"的一概羅列出來；沒有批評也沒有結論。據說，"那結論是讓學生去作，因此可養成他的判斷力"。不過，這客觀主義實在也還是一個欺騙，因為即令你真的無偏袒的介紹各家的學說，但真正的真理卻只有一個；你容忍虛假與真理並肩存在，本身你也就是袒護虛假，不過，在外表上裝作公正罷了。

這些方法，明明對於初接近書本的人是有害的。

今日的書是這樣多，今日社會生活又這般忙，這些亂碰和客觀主義者，無疑的是在和大家開玩笑，不！是在引了那些僥倖從生活奮鬥中走近書本子的人，使他在書本子上兜圈子，故意濫費他們的有限的時光，使他們結果一無所得；於是"學者"永遠是在萬人之上的學者、文化花園裏的金葫蘆，永遠在裝飾支配者的莊嚴的殿堂。

這是少數聰明人對於大多數"愚民"對認識方面佈置的最後的一道電網，不使你輕易看見太陽，壯大你的生活抗爭力。

（五）

然而，到了近代或者說今日罷。從物質生產力的飛進，因而大眾在生產中的訓練，從書籍出版容易，出產量的增多與極少數天才的大眾的著作者的出現。無論在實踐社會生活中，或意識上，眞理與虛偽是頑強的在對抗的。多數總是代表眞理的方面，在為眞理而奮鬥，而合於實踐的每每就是近於眞理，反之，虛偽總不敢與實踐見面，它總要離開地上，說一些不着邊際的話，掩蓋眞實。這樣一來，隨着社會意識的分裂與抗爭，而對於書的觀念，及讀書的態度與方法也就完全取了另一種新的姿態了。

"書"的神祕性，在這羣從實生活中醒覺過來的人，自然要被拋棄了。他們在"書"中看不出"千鐘粟"的影子，也看不見"顏如玉"的佳人。他們只知道書是可以作為認識的一種工具，是解放自己鎖鍊的巨斧。對於文縐縐、洋派頭的讀書人也不見得有什麼可以尊重的地方，咱們還不是一樣的人嗎？只要是人都有求知識的需要與權利，都有要求讀書的必要。是的，為了生存，為了生活向上都要如此。這有什麼神奇足講呢？哈哈！咱們蠻人說句蠻話，什麼"純粹的知識""為學問而學問"，那不過是騙騙孩子的話，你眞的相信嗎？

是的，我們要讀書，可是我們讀書的機會還不多，我們還沒有很良好的讀書的條件。這條件還要我們自己去創造啊！但是，在這沒有良好的條件前，我們不能等待，也還得奮鬥，在一面為自己生活掙扎，一面去利用一分時光一秒時光去接近書本子罷！我們也不必羨慕什麼學府，也再不要幻想明窗靜几，我們只能就目前條件所許可的去掙得一分是一分，掙得一點是一點。好在認識的最富的源泉是生活，讀書不過是一方面罷了。

　　自然，這一方面也是絲毫不能忽視的。我們要把這項要求擴大到最大限度，推廣到各角落裏去。

　　是的，我們要讀書，可是我們可讀的書還不多。這是因為我們羣團中的人，大多數都是文盲，不能用筆說話的緣故。同時，我們自己沒有印刷所，不能印出我們自己要讀的書籍。所以，現在的書籍，根本就好多不是我們要讀的，它對於我們不能供給什麼，不能加強我們的生命素、熱力。有的還帶有酒精的烈性呀！

　　這裏就發生了選擇食糧的問題了。我們今日讀書，就要和在河沙中淘金一樣，我們吸取某一部份、棄掉某一部份，不能饑不擇食，一下連沙吞到腹內去。所以，在今日我們這班人，有了讀書的熱情固然可佳，但不對飲食加以注意，不細心的咀嚼，也還是會得胃病的呀！

　　為了我們時間的經濟，為了不將毒物、沙石一併吞到肚子內去，我們對於讀書的方法卻不能不講求了。這裏沒有時間來“胡亂的讀”，也不能採客觀主義。老實不客氣，我們讀書的方法，在外表上好像完全是主觀的。不過，我們自己是代表時代朝氣的，代表求真理實現的社會層，所以我們的主觀本身就是合於客觀實踐的。這主觀既然是通過客觀的，所以它不是玄學法，不是機械的客觀主義，而是正確的科學法。

　　我們不盲目信賴書本子，同時絲毫不忽視書本子上理論的可貴。我們在讀書時不離開實踐，我們在實踐中不忘記理論。我們是把理論同實踐綜合、統一，融成不可分的一體。為了生活的實踐出發我們來讀書，讀書是為了爭強自己的理論，再去指引我們的實踐的行止。我們認識是循着這樣圓週的返覆的軌道而擴大，我們離開這一軌道就不能達到我們要達到的目的。

（六）

努力捨棄對於書本子的靈物崇拜性罷！

從速建立一個新的讀書態度罷！

謹慎的攝取書中的維太命罷！

勇敢的運用科學的認識法罷！

我最誠懇的告訴本文的讀者，在今日中國的出版界，就是連最完善的書籍或刊物，也不是完全無條件可以接受的。就是我這一篇短短的小文，我都希望讀者們不要盲目的信賴或超過可信賴的限度。

三個原則

伯 韓

當張三先生高調着"青年們以讀現代科學書為主"的時候，李四先生上前一步，很憤慨地提出抗議，他主張"青年們應該首先讀經書，把基礎弄得穩固，然後才去研究科學"。

李四先生提出了兩大理由：第一個，國文是各種科目的基礎，但要使國文通順，必須讀經書；第二個，道德是為人的根本，但要使道德高尚，也只有讀經。

張三先生笑着說："現在的國文是白話文，不是八股文了。現在的道德是民主的，尊重獨立的個人的，和從前那種片面的忠孝節義，那種奴隸道德大不相同了。讀經書有啥用場？"

"白話文是由古代的文字演變而來，不讀古時的經典，便不懂得白話文的來源。無源頭的水容易乾，沒有經史來滋潤的白話文一定也是枯燥無味的。"李四先生這樣說。

"青年們不是考古學專門家，沒有研究文字起源的學問之必要。至於白話文的枯燥無味，正是由於仍然夾帶了陳死的文言，而沒有完全用新鮮活潑的現代語言去滋潤它的緣故。"張三答。

李四："就算文字是有時代性，然而道德是超時空的。聖賢的道理是'歷萬古而常新'的，除非實現的條件有點改變吧。所以國民道德的根本修養，在乎讀古聖賢書。"

張三："你說道德沒有時空性，為什麼平常人們以欺詐為不道德，而用兵的時候，卻說'兵不厭詐'呢；為什麼不遵守一夫一妻制的男女關係，在文明社會為不道德，而在野蠻社會則毫不成問題

呢？因為生活方式改變，古來的道德，到今日已經只剩得空洞的教
條。實質上封建宗法社會的愚忠愚孝，完全是反映等級制的無視卑
幼分子人格的奴隸道德，到了民主的現代，誰還去遵守呢？而且，
中國人素來缺乏的公德心，只有在集體生活中去培養出來，不能靠
書本子啊！"

李四："總而言之，沒有過去，就沒有現在，不接受先哲的文化
遺產，就不能復興中華民族的文化——"

張三插說："曉得了！你這是把青年們當做專門學者了吧？人家
還不曾具備科學的基本知識哩！"

談話暫時中止了。

張三："現在再討論一個問題。假使我們暫時擱開古書不讀，專
讀新書，是不是也應當有個選擇呢？"

李四："那是當然的。書籍如此地多，科目如此地繁，假使要門
門知道、件件精通，那怕我們有兩百歲的壽命，也辦不到。"

張三："那麼，我們怎樣選擇呢？"

李四："據我看來，選擇有兩個步驟。第一步是科目的選擇，選
定一門學問，範圍越狹越好。譬如我選定了法國文學，我自然不但
不要去讀什麼科學哲學的書，而且連法國以外的文學書都可以不讀，
只要拿起法國的文學書就夠了。第二步就是書籍的選擇。在同一學
問中間，必讀的基本書也不過少數的幾部，其餘都可以作為瀏覽的
補充讀物或參考資料。譬如就在法國文學當中，只要把幾部代表作
仔細地讀了，其餘的隨便看看就行。青年們一開始就是這樣做，還
怕沒有工夫讀書嗎？還怕將來不成為專門名家嗎？"

張三："關於書藉❶的選擇，大體上我同意你的話，但是關於科

---

❶ "藉"，當為"籍"。——編者註

目的選擇，我可不能贊同了。初步學習的時期，我們需要涉獵到各方面，無論是自然科學、社會科學、哲學、文學，各種學問，都要曉得一個大概，因為我們做人是需要有各方面的常識，而且卽使要能夠成為專門學者，也必須有寬廣的常識基礎。假使如你說的，從來不曾涉獵過各種科學的普通知識，一開始就專讀文學，而並對於文學的各方面常識也沒有，就專讀法國的文學，這樣，不但是會養成一種非常狹隘的偏見，而且連所謂法國文學也未必能夠懂得透澈。因為文學是表現人生的，而人類生活是多方面的。而且，學術的對象本來是整個的不可分解的，所謂分科，不過是為着研究的方便而已。我們只有當常識大概已經具備而需要深入地研究的時候，才用得着專讀一種科目的書。"

李四："照你的話，在開始學習的期間，就要把自然科學、社會科學、哲學、文學等等的書同時并讀，這難道一點毛病都沒有了嗎？請問一個小學生能不能讀得懂一部哲學概論呀？"

張三："這又是另一問題了。小學生不僅懂不了哲學概論，就是社會科學概論、自然科學概論也是看不懂的。但是，把學習的資料，由淺而深地排列起來，學習時先從具體事實的直觀出發，而後進於抽象的思維，無論什麼都可以一步一步地懂清楚。自然照這個原則，哲學書應該比較後讀，科學書應當先讀，自然科學應當更比較地在先。但是，當我們讀了哲學書，卽對于思維的法則有一點把握的時候，回頭再來讀科學書，必定會有進一步的了解，所以是個先後又不是機械的。"

我們的研究原則由這個談話中得出來：

（1）由現代而及于古代；（2）由一般而進于專門；（3）由具體而進于抽象。

給失學的人們

章乃器

親愛的朋友們，我希望你們前進！

說到前進，有許多人也許以為我要擺出"成功人"的架子，希望你們"往上爬"，做一個"出人頭地"的人物。

但是不然，我現在根本不希望你們去做"自私自利"的成功人，在一個社會裏產生少數的成功人，那個社會就有出路嗎？在中國，大大小小的成功人也不算少，然而人民只是加速的貧窮化。就在一般人所"艷稱"的英美和日本，成功人輩出，然而社會也都在悲慘的恐慌中間，多數人都在飢餓和半飢餓中間。成功人能使社會得着出路嗎？

個人主義的時代過去了？"個人的成功就是社會的幸福"，那是過去時代的話。在目下，個人的成功往往反只是社會的災禍。只有在社會的出路中間找求個人的出路，只有在為社會而奮鬥的過程中希望個人的成功，那種出路和成功才有歷史上的地位。就是現時代的所謂成功，不能拿自己所得的榮譽和幸福來測量，而要拿社會所受到的利益來測量；個人的成功不能代表社會的幸福，而要以社會的幸福表示個人的成功。

所以，我不希望你們去做自私自利的一般人所謂的成功人，而去做為社會謀出路、為人羣謀幸福的成功人；希望你們不要再夢想自己的高樓大廈、美妾嬌妻和綿繡梁肉，而要去設法使大家有事做，大家有飯吃。"一將成功萬骨枯"，固然是要不得；在別人的汗血中間醞釀出來的自己的功業，在貧窮的大衆前面誇耀自己的威風，良心上固然覺得過不去，為前途設想也恐怕不久長。

然而，許多青年們却就因為想到這種種，覺得"努力"是沒有意義，因此便頹喪下去，消沉下去，墮落下去。這又是一種很不正確的自暴自棄的人生觀。

我想，有一點我是可以大胆的貢獻給你們的：你們儘放心在讀書的一條路上前進。可是，讀書也依然不能忘記了上述的前提。

"書中自有萬鍾祿，書中自有顏如玉。"這種為"黃金與美人"而讀書的時代必然是過去了。"一卷在握，怡然自得"，學成之後，更可以"嘯傲山河"，這種"為讀書而讀書""為享樂而讀書"的時代也過去了。

現時代的讀書，是要明白自己在歷史上和社會上的地位，為要認識自己的時代和社會；是要以社會一分子的資格，去找求走到新時代的一條路。

倘使我們讀歷史，而不過是去參悟漢高祖怎樣去對付他的下屬和他的敵人，以作我們自己立身處世中應付環境取得成功的標本，那就是個人主義的讀書。我們必須研究人類社會是如何的演變，各國革命是如何的完成，和各種民族是如何的取得解放。因此，我們可以了解目下的大衆，要如何的爭取他們的出路，然後我們讀歷史的動機才是現代的。"舉一反三"，讀書的意義就可以明白了。

親愛的朋友們，你們前進，在前面新時代的原野中間建立起來你們的基礎，而不要想在脚底的沙灘上面築造起來你們的高塔！你們就在讀書中間開始你們的途程吧！

拿些什麼給大衆讀

征 農

　　大衆文化運動，到現在，已不是空口談大衆要不要讀書，或者大衆應該讀什麼書的時期，而是拏些甚麼給大衆讀的時期了。

　　我們只要稍一留心，就可以看到成千成萬的失學青年、店員學徒等在那裏迫切地要求着自學。他們有的是想懂一點社會科學，也有的是想知道一點文學，但不論是什麼，當他們真的問我們要書讀的時候，我們必然要很難找出回答。即使勉強介紹他們一兩本書，結果也要費力不討好，等他們讀過後，一定要回答我們一個"沒有味道"，或者是"看不懂"。——這種現象，是出版界和著作者們統要負責的。

　　出版界從來就不曾替大衆打算過！《四庫全書》有人翻印，《圖書集成》也有人翻印，世界古典名著的介紹，雖然不是系統的大量生產，總算還不寂寞，但却不見有人肯有計劃的出一大串大衆讀的書。

　　著作者也是這樣！固然有不少曾經想到過大衆，曾經想介紹點大衆需要的知識的作家，但他們却不耐煩去知道大衆到底能夠讀些什麼，他們往往只圖自己的痛快，不顧大衆的胃口。於是搬場一樣只從外國書本上，搬到自己的筆下來，不管他們是怎樣的努力，大衆終於無福消受。自然有人是要提出大衆的文化程度大低弱，甚至一門學問根本只有上等人配研究的這些理由來解釋的。不過，這些理由，已經太不夠時髦了。如果不是坐在太師椅上讀書的人，是不會相信這鬼話的。

製造一大串大眾能讀得懂的書籍，是當前最重要的工作，也是最艱苦的工作。一個科學家，如果要寫出一本通俗科學書，他不僅自己要切實了解那一門科學，並且要能溶化那裏面的一點一滴的眞理，使科學上的專門用語，變爲大眾的用語；也不僅要有豐富的科學知識，而且要具有卓越的創作天才。高爾基就爲這事担心過，他說：

要有眞正的科學家，和才具高超的作家底合作，我們才能夠從事出版以藝術手腕傳佈科學知識的書籍。

在目前，有許多進步的科學家對於這工作已經在開始嘗試了。文學名著的改編，科學小品在幾個期刊上並建立了它獨特的地位，這自然是非常好的現象，但我們怎樣也不能達到這裏就止步。從目前產生的一些科學小品文看來，不客氣說，實在還留下了許許多多急需補正的缺陷。譬如，就技術上說，有很多的科學小品文，因爲作者的藝術手腕不靈便，不是公式似的流於枯燥，便是使形式妨礙了內容，不能把讀者的注意力引進到那作品所要表現的內容上去。這，固然是我們所要求每個前進科學家的深切注意的，但我們却不能因此過於責備科學家。

人決不是萬能，專靠科學家一拳一脚去打出天下，乃是一種空想。傳佈科學知識的癥結，實際上也並不在這裏。

因此，我們應該不要忘記高爾基的提示，我們要求眞正科學家和才具高超的作家合作——飢餓的大眾，是如何在等待他們賜給知識的食粮呵！

說　讀　書
——葉青批判

漆彤華

（一）　寫這篇小文的理由

昨閱《教育雜誌》第二十五卷第三號，得悉何炳松諸君子正在努力提倡"讀書運動"；我雖非學者文人，但也頗喜歡讀書，對於"讀書問題"之討論，自然感到非常大的興趣。所以拿到了該雜誌便一口氣將"談讀書"問題的鴻文都拜讀完了。

對於樊仲雲、陳高傭學者等的鴻文，雖非"游夏不能讚一詞"，但我也不願意多費功夫來饒舌，因為我相信一般的讀者對於他們的卓見一定能夠透視，至低限度也不會陷入五里霧中；唯有葉青先生的卓見則不能不加以簡單的批判。這是因為葉青先生是掛着"科學"或者"物質論"的招牌在販賣觀念論與機械論的贗貨，尤其是他老是塗着二十世紀的脂粉在引誘一般青年學生向古代大開倒車！

"現在我們就直入本題"，按照葉青先生所分的次序加以簡單的批判吧。

（二）　為什麼讀書

葉先生認為讀書的目的就是："接受知識"與"創造知識"。這個目就是他從許多答案中抽出來的共通點，也就是他老先生應用着倍根❶的方法，在特殊中求到的普遍的眞理。

但是，怎樣去"接受"與"創造知識"呢？葉先生告訴我們是："溫故而知新！"

他說："一切新知識都是舊知識中新的萌芽之生長。把牠擴大而成為一個體系，性質就變了。這不是在書中去找麼？"所以讀書的目的就是"在書中學得知識"。

總括起來，葉先生認為，讀書的目的就是："接受知識"與"創造知識"，也就是"學得知識"；而學得知識的方法則是："溫故而知新！"

這是很明白的，他骨子裏的意思就是要靑年們讀古書、遵古道，"服堯之服，誦堯之言"；當然，更希望一般求學的靑年穿二十世紀的西裝革履大做其復古運動的勾當！

這樣錯誤的高見實在是無須多加批判的，我相信一般頭腦稍為清楚的靑年總可明白人類的知識，不但不是完全從故紙堆中產生出來，尤其不是完全在書本上"學得"的。因為書本上的"知識"不一定能夠適合我們的時代的需要，所以我們斷不能無條件的去接受舊的"知識"。我們縱不抱"盡信書不如無書"的態度，但對於故紙堆中的知識，總得加以揚棄之後才能夠接受。這就是說：我們對於故紙堆中的落後的不合時代需要的知識要完全捨棄，而對於尙能適合時代需要的知識，則要批判地接受下來，而且要將牠置在新的基礎之上加以發揚。這不是"把牠擴大而成為一個體系"便可以了事的，而是要經過揚棄的。葉先生認為"把牠擴大""性質就變了"的卓見，完全是機械論的。

---

❶ 今譯為"培根"。——編者註

同時，我們又要知道："知識"的"創造"是與社會的實踐有密切的聯繫的。換言之，就是："創造知識"的過程卽是人類社會勞動及一切社會實踐的過程，絕對不能局限"在讀書為學得知識的一個公式"中去"創造知識"。所以葉先生認為讀書便可以"創造知識"，完全是學院派的見解，也就是足不出戶而知天下的老調！

（三）讀什麼書

葉先生在這一段裏面，又說了一些似乎與上面所指出來的"溫故而知新"的卓見有互相矛盾的地方，因為他也說："古書在現在的問題，是整理，把牠當作文化史研究，此外就無補於實際了。"但是這是葉先生的烟幕彈呀！他企圖在這烟幕彈掩飾之下，去達到上面已經揭破的復古的目的，因為祇要一般求學青年接受了在第一個問題上的催眠術，便必然會自然而然地走上"一心專向聖賢書"的古道。況且葉先生說了"什麼是大家都需要的書呢"以後，便模稜兩可地說經史子集裏面"就歷史說，在普通的意義上已學過了，在專門的意義上則沒有一般性"哪，"就文藝說是專門的，屬於中國文學系的範圍"哪。……這些話的根本意思就是：如果尚未"學過"二十四史的人們則應該去學，而"文藝"則是咱們中國的特產，而且是"在專門意義上""有一般性"的寶藏，一切求學的青年都應該讀破萬卷、尚友乎古代的文人。

葉先生除放了一個烟幕彈以外，又發揮了任曙先生在中國經濟問題上炫耀過的"外鑠"論（請參看任著：《中國經濟研究緒論》）。葉先生說："……接受過去的知識在中國就是外來的知識了。"在這一點上葉先生完全忽視了現代中國"知識"的發達與本國社會實踐的關聯，他僅僅知道了東西洋文化對於中國"知識界"

的發生了深刻的影響，而不知中國"知識"的發達不能與實際的社會生活遊離。

葉先生自己問道："我們究竟要學得那一種知識呢?"他馬上答道："在我看來以為是哲學。"他說哲學是有一般性的東西，是大家所需要的"知識"。

關於這一點，乍看起來好像沒有什麼問題，但若進一步去考察一下，則馬上可以明白葉先生依然地以學院派的觀點來解決這個問題，他老是企圖在"讀書問題"中求出一個"放諸四海而皆準"的原則來，完全漠視了實際的情形。他僅僅知道了哲學能提供研究各科的方法，或者提供"目的意識性的理論"，而完全忽視了哲學以外的政治經濟及變革社會的政治理論。他更不曉得一般沒有功夫"坐在亭子間"研究理論的人們（《二十世紀》諸君子是主張"坐在亭子間"讀書的，請看該誌的《答覆理論與批判》一文），尤其是一般在實際生活中奮鬥的勞苦青年有首先學習政治經濟學及政治學的必要。在這裏，我不是和葉先生僅僅爭論次序的問題，也不是否認哲學之重要，而是要指出葉先生引導一般求學青年逃避實際生活的企圖！

其次，卽退一步來說讀哲學書的問題吧。

在表面上看起來，葉先生並沒有明白說出要大家讀"什麼性質"的哲學書或者說"哲學中那一派底著作"，但實際上他已偷偷摸摸地替一般的讀者規定出來了。他肯定了"所謂歸納法"卽是"認識論中的經驗論和感覺論底具體形態"，卽是承認了歸納法為認識論的全部，祇要有了歸納法便可以研究一切的學問。科學的辯證法則被他老先生故意置諸腦後而不提了。這一來，葉先生之為機械論者倍根之信徒這回事，又得到了一個明證。

另一方面葉先生又表現出其與生物學主義有血流的關係，他不但肯定了進化論"有成為嚮導原理的價值",而且肯定了"生物學"在哲學上"有觀點作用"。

(四) 怎樣讀書

葉先生把"讀書的方法""分成四部份來講"。

"第一是學","就是要從書中去求得一些東西";

"第二是思",就是"把書中所說的拿來想想";

"第三是寫","寫就是寫筆記";

"第四是用",卽是"溫習","把讀後的書拿來寫"或者"把讀後的拿來引用"。

前兩部份的卓見就是孔夫子的"學而不思則罔,思而不學則殆"的名言,也就是葉先生從聖賢書中接受下來的方法。他根本就忽視了社會的實踐在獲得知識過程上的重要性,他企圖將全國求學的青年都關在書齋中去讀死書,死讀書,離開實踐去冥想,直到讀書死為止!

第三與第四部份同樣的是不正確,但因為限於篇幅,不再加以批判了。我希望讀者自己去指正!

總結起來,我認為:

(1) 我們為着要理解現代社會及堅定自己的世界觀而讀書,接受古舊的知識尚在其次。

(2) 我們根據着實踐過程上的需要,一般的說來應該先學政治經濟學及政治學,其次再進一步去研究哲學問題(當然這個規定是相對的,而且是暫時的)。經史子集則無須乎去讀!

(3) 最後,理論與實踐是統一的。我們要獲得知識,萬不能與社會的實踐遊離;我們要在活生生的實際生活中去求知,更要從根本上去解決我們讀書的問題!

顏李學派之讀書論

曹聚仁

……試觀今天下秀才曉事否？讀書人便愚，多讀更愚；但書生必自智，其愚却益深。

——顏元《四書正誤》

……讀書愈多愈惑，審事機愈無識，辦經濟愈無力。

——顏元《朱子語類評》

（一）

在滬杭車上，新近遇到一位勸人讀書的說教人，他告訴我"開卷有益"的古訓，他勸我熟讀朱熹的《四書集註》。我請教他："焦循、劉寶楠的《論語正義》《論語集解》《孟子正義》比《四書集註》何如？"他說他不認得焦循、劉寶楠，他又說他自己讀過《詩經集傳》（朱熹）、《尚書集傳》（蔡沈），但是他又不認識孫星衍、陳奐。他自己大概是從來不開卷的，可是他愛勸人開卷。後來他和另一車客談起麻將經來，那麼頭頭是道，津津有味，我不禁肅然起敬；他的"有益"，既完全在"中""發""白"上頭，自然非把開卷的事交給比他年青的人不可了。我手邊剛好拈起顏習齋的集子，我心裏想那位說教人不知除了開卷有益的老話以外，還知道世間另有"開卷有害"的話頭否？因為我不愛對牛彈琴，也就不把顏李學派的道理說給他聽。

我們浙東學派各流派，一向不大看重書本上的知識。北宋王安石，南宋呂祖謙、陳同甫、葉水心都把學問看作解決民生經濟的實際方案，又把學問看作方案實施的歷程報告，離開社會實際問題就無所謂學問。所以王安石行新政，司馬光引經據典那樣君子小人說了一大堆，還經不得王安石"不恤國事，同俗自媚"八字的批評。由千載後的我們看來，像司馬光那些人，救國不是，誤國有餘，都是那些聖經賢傳害他們。清初學者如顧亭林、黃黎洲，也叫大家去注意當前的社會問題，謂："孔子刪述六經即伊尹、太公救民水火之心，故曰：'載諸空言，不如見諸行事。'"（顧亭林《與人書》）人總是皮包骨頭，有感情有理智的。生當亂世，要叫大家忘記眼前的痛苦，不關心身邊的問題，事實上本不可能；叫青年從街頭回到書齋，爬到雲端裏去做夢，更非情理中應有的事。浙東學派反空想而主實用，輕書本而重實踐，至少對於現今這社會是一劑對症的藥。

憎恨書本上的呆板知識，把"開卷有害"的話說得最透闢最明快的，莫如顏李學派兩大師——顏元、李塨。顏習齋的一位門生把《中庸》"好學近乎知"那句話來問習齋，習齋說："你心中是不是以為多讀書就可以破除愚見？"那人說："是的。"習齋便說："不然。試觀今天下秀才曉事否？讀書人便愚，多讀更愚；但書生必自智，其愚卻益深。"李恕谷也說："紙上之閱歷多，則世事之閱歷少；筆墨之精神多，則經濟之精神少；宋明之亡以此。"（《恕谷年譜》）這是比浙東學派更進一步的說法。

（二）

所謂孔孟之道，自來被讀書種子當作護衛自己的盾牌，只要他自己有什麼作用，要對青年來說教，便託之於孔孟；兩漢經學家、宋明理學家以及董仲舒、趙普之類的政客，都玩過這一套手法。宋明理學家從佛教道教學得一點方法論和形而上學的理論，便把牠套在儒家的思想上頭，硬派孔孟是"明心見性"一路人；從《禮記》取出《大學》《中庸》，從偽《舜典》取出"人心唯危，道心唯微，唯精唯一，允執厥中"十六字的心法，硬派作孔孟的哲學體系。"涵養須用敬，進學則在致知"兩句話，道問學的程朱和尊德性的陸王在致知方面意見雖不一致，對於"用敬"則完全同調的。而且程朱所謂格物致知，最初主張"吾心之明，莫不有知；而天下之物，莫不有理。惟其理有未窮，致知有不盡。……故當即凡天下之物，莫不因其已知而盡窮之，以求致乎其極"（朱子補《大學》）。後來一讓步，又把格物的範圍，縮小到"窮經，應事，尚論古人"三項上頭，謂："窮理亦為端，或讀書講明義理，或論古今人物，別其是非，或應接事物，處其當然：皆窮理也。"（《伊川語錄》）宋明理學家教人為學，逃不出聖經賢傳那個小圈子，也脫不了禪家靜悟的法門。顏李學派出來才明明白白說理學家半日讀書、半日靜坐那是野和尚，決不是孔孟之道。顏習齋替孔孟和程朱畫成兩幅圖畫，說：

> 請畫二堂，子觀之。一堂上坐孔子，劍佩，觿決，雜玉，革帶，深衣。七十子侍，或習禮，或鼓琴瑟；或羽籥舞文，干戚舞武；或問仁孝，或商兵農政事；服佩亦如衣。壁間置弓、矢、鈇、戚、籩、磬、算器、馬策及禮衣冠之屬。一堂上坐程子，峨冠博帶，垂目坐，如汲塿。如游楊朱陸者侍，或返觀靜坐，或執書伊吾，或對談靜敬，或搦筆著述。壁上置書籍，字卷，翰研，梨棗。此二堂同否？

《論語》一書，記載孔門師弟問答，其中沒有一句空議論，也沒有一件虛設事；經過習齋這樣對比起來，更可以明白孔門學問的本真。所以顏李學派敢於說這樣的結論："……人之歲月精神有限，誦說中度一日，便習行中錯一日；紙墨上多一分，便身世上少一分。"

（《顏元存學編》）"程朱……直與孔門敵對，必破一分程朱，始入一分孔孟。"（李塨《顏習齋先生年譜》）

顏李學派說宋儒如得一路程本，觀一處又觀一處，自喜為進天下路程；別人也以為他們曉得路程，其實他們一步未行、一處未到。這譬喻本來說得很好，不過宋明理學家還不至空疏到這樣；社會上一般章句陋儒，把書本上的知識當作學問，那才真是讀路程本的人。顏李學派最反對人求紙片上的知識，說："以讀經史為窮理處事以求道之功，相隔千里。以讀經史訂羣書為即窮理處事而曰道在是焉，則相隔萬里矣。譬之學琴然：書猶琴譜也，爛熟琴譜，講解分明，可謂學琴乎？故曰：以講讀為求道之功，相隔千里也。更有一妄人指琴譜曰，是即琴也；辨音律，協風韻，理性情，通神明，此物此事也。譜果琴乎？故曰：以書為道，相隔萬里也。"又說："……道不在詩書章點，學不在穎悟誦讀；孔門博文得禮，身實學之，身實習之，終身不懈。"讀書誤人，"讀書愈多愈惑，審事機愈無識，辦經濟愈無力"。好好青年，在書堆下變成了廢物。這悲哀，顏李學派是看得非常透澈的；顏習齋曾經說過一段最沉痛的話："……但於途次聞鄉塾羣讀書聲，便嘆曰：'可惜許多氣力！'但見人把筆作文字，便嘆曰：'可惜許多心思！'但見場屋出入人羣，便嘆曰：'可惜許多人才！'故二十年前，但是聰明有志人，便勸之多讀；近來但見才器，便戒勿多讀書。……噫噫！試觀千里百王，是讀書人否？雖三代後整頓乾坤者，是讀書人否？吾人急醒！"（《朱子語類評》）我們假使無意於躲避這現實，我們該同意他們的說法："人之認讀書為學者，固非孔子之學；以讀書之學解書，並非孔子之書。"我們真該："生存一日，為生民辦事一日。"（《顏元年譜》）

（三）

　　再進一步，從聖經賢傳那些紙片上打圈子的，誤了自己，其害尚小，誤了社會國家，其害不可勝說。顏李學派從這點，對於宋明理學家以及一般章句陋儒有更嚴正的批評。習齋說："宋人但見料理邊疆便指為多事，見理財便指為聚斂，見心計材武便憎惡作為小人。"又說："白面書生，微獨無經天緯地之略，兵農禮樂之才，率柔服如婦人女子，求一豪爽倜儻之氣亦無之。"知識分子平日對於國家安危盛衰，不聞不問，以為那是學問以外的閑事；到了危殆不可救藥，也只歎息幾句了事。習齋話問宋儒：

　　……何獨以偏缺微弱見於契丹臣於金元之宋，前之居汴也，生三四堯孔六七禹顏，後之南渡也，又生三四堯孔六七禹顏，而乃前有數聖賢，上不見一扶危濟難之功，下不見一可相可將之材，拱手以二帝畀金以汴梁與豫矣！後有數十聖賢，上不見一扶危濟難之功，下不見一可相可將之才，推手以少帝赴海以玉璽與元矣！多聖多賢之世乃如此乎？噫！（顏元《存學》）

　　我們覺得句句都是真實的話。清初，多爾袞入關，寫信給史可法，說："輓近士大夫，好高樹名義而不顧國家之急；每有大事，輒同築舍。昔宋人議論未定，兵已渡河，可為殷鑑。"這豈獨宋明的士大夫如此，自來士大夫無不這樣把國事弄糟了的。

　　顏李學派不願意知識分子陷溺下去，不願意痛癢相關的社會更糟亂下來，因而鼓勵大家負起責任來，說："學者勿以轉移之權委諸氣數；一人行之為學術，眾人從之為風俗；民之瘼矣，忍度外置之乎？"（習齋語）他們所認為真正的學問，並不是讀書而是切實去"習"。習齋說："孔子則只教人習事。……吾嘗談天道性命，若無甚杆格。一著手算九九數，輒差。以此心中悟，口中說，紙上作，不從身上習過，皆無用也。"李塨也說："聖學踐形以盡性，今儒墮形以明性。耳目但用於聽讀，耳目之用去其六七；手但用於寫，手之用去其七八；足惡動作，足之用去九；靜坐觀心而身不喜事，身心之用亦去九；形既不踐，性何由全。"至於他們所提出的學習範圍，一為《尚書》裏的"六府：金，木，水，火，土，穀；三事：正德，利用，厚生"；二為《周禮》裏的"六德：智，仁，聖，義，忠，和；六行：教，友，睦，姻，任，卹；六藝：禮，樂，射，御，書，數"。這些學問，一部分是道德上的實踐，一部分是事業上的實用，決不是紙上看看、口頭說說、心頭想想所能交代過去的。顏習齋一生親自耕田、親自趕車，學習琴、騎馬、技擊、醫學，研究兵法及水利，什麼都是親身做去，一毫不鬆弛，其精神大可佩服！

嗚呼！用一個"嗚呼"來收束罷。現在大家在說"開卷有益"的時候，這"開卷有害"的顏李派的主張，怕也會變成逆耳之談呢，然而，習齋說得好："立言但論是非，不論異同。是，則一二人之見不可易之也；非，則雖千萬人所同，不隨聲也！"

我們應該有獨往獨來的精神！

二、讀書方法

求知識的三條路

李公樸

知識對於我們的重要，想必大家都已知道的了。我們有了豐富的知識，才可以深刻地去認識一切真理，然後才可以依據了所認識的真理，去解決我們的一切問題。所以，無論什麼人都需要知識，都應該求知識。

現在，雖然有無數人正在感到知識之急迫的需要，因而都在熱烈的追求，不過他們有許多都只由於本能的激動，而不是有目的的追求，同時他們誤把求知識和讀書當作一件事，以為求知識的惟一法門就是讀書。這原因是由於他們不了解什麼是知識的緣故。讀書對於求知識上固然是一件很重要的事情，但並不是說就可以包括知識。所以，求知識除了讀書之外，却還有更重要的事情。

"知識"二字雖然很抽象，無聲無息，但並不是什麼從天上掉下來的神祕的東西，而是產生在我們的日常生活之中的。簡單說，知識是我們對於外界出自身有系統的認識和應付環境而得的實際經驗之總和。所以我們的求知識，是要在各人自己的日常生活中去求

（讀書其實應該是當作日常生活的一部份）。現在，不但有好多人誤把讀書當作求知識的惟一法門，而在埋頭死讀書、讀死書，並且有許多人所讀的也並不是真正的"書"！這樣的求知識的結果，好點，也只是事倍功半；不好，將一無所得，或甚至於愈求反而愈糊塗——這樣的情形，現在可實在不少。因此，我很願意將我所知道的一點求知識的途徑和大家談談。

（1）讀書。求知識雖然不是只有讀書，但讀書，在求知識的過程中總不失為一個重要的部份。

古今來無論那一位大思想家或大科學家，沒有不讀許許多多的書的，而這些書中又包含着各種各類的科目。因為一個人總要受到生命上、環境上的種種限制，對於宇宙間的無數量的事物，任你怎樣的努力，也是不能盡知的，而實際上也無須盡知的。因為當你要研究某項事情時，你不僅對於這項事情的本身要有多方面的了解，同時，對於和它相關連的密切事情，也需要有或淺或深的了解，然後你的研究才能深入，才能把握它的真正意義。

一個人總要受到生命上、環境上的種種限制，對於這許多方面的事情，有的曾經有過研究的，有的雖曾經驗過，却還不大清楚，或甚至於完全不知道的。這時，你將怎樣辦呢？如果你要去請教朋友，不獨是不勝麻煩，並且有許多問題是你的朋友所不知道的。那麼，惟一的辦法就是去請教書籍幫助你。

現在且舉一個簡單的例來說。比方現在的日本和蘇聯，在目前的中國現狀說，無論誰都應該知道它們的，因為它倆是和我們最近的強鄰，但你都沒有到過，那你就只有去找各種記載日本和蘇聯情形的書來讀，由書上去知道它。書能告訴你許多你所不知道的各種事情。假設，你有一個機會到日本或蘇聯了，你也只能知道你所到過的某一部份的情形，你如要知道它的全貌，那你又非再去請教書來幫助不可。書又能告訴你許多你已知道而還嫌不足的各種事情。

此外，凡是自然界或人類社會的一切演變發展的規律，都可從書中找得，書乃是無數前人和我們同時代人的實踐經驗之積聚，包含着人類全部的歷史以及一切學術上的發現與發明。我們讀書，便是利用前人的一切可寶貴的經驗。它能鼓勵你奮鬥的精神，增進你修養的功夫，更能幫助你認識宇宙，認識社會，而進一步去征服自然，改造社會。

（2）讀書的工具。我們無論做什麼事情，總需要工具，沒有工具，就無法製造。譬如木匠如沒有斧鋸錐鑿等，無論他有怎樣的技巧，決不能做出好東西；賽跑的人，如果沒有一個健全的身體和一雙有力而有訓練的腿，無論怎樣他也不能奪得錦標的。斧鋸錐鑿等是木匠製造器具的工具，健全的身體和有力而有訓練的腿是賽跑者奪標的工具。

同樣，在求知識的過程中的讀書這件事情，也需要有許多工具。那麼讀書的工具是什麼呢？讀書的工具最主要而最基本的，就是普通中小學裏的教科書，如國文、英文、算術等等。

現在的青年以至一般人，往往有一種誤解，就是對一個在到學校去的普通中學或小學的學生，如果有人問他到學校去是做什麼，他的回答一定是"去讀書"，就是那問的人也認為確是去讀書。其實這是錯誤的。我們到學校裏去還不是真正的讀書，而是學習讀書的工具和讀書的方法，同時，也是受點初步社會實際生活的訓練。在普通中小學裏所讀的科目，有國文、英文、數學、物理……這些東西雖然都是一本本的書，但不能算作真正的書，而只能算作各種的工具。讀英文是預備日後和外人交接時能夠說話，在中文書不夠讀時再讀英文的書；讀國文是預備日後能讀多種的中文的書，懂得中國文章的方法，而自己能夠使用它；其餘如讀數學、物理等，也不過是為了日後能讀高深的數學、物理等書，並且能算能實驗。

因此，我們應該先把工具讀好，並且要訓練怎樣的運用它。假使你是沒有正式進過學校的，或是曾經進過中小學而仍感到不足的，你就得趕快求你所需的工具知識。如有機會進補習學校最好，不能，就努力自習，隨時向人請教，也是一樣。不過你要分別它的輕重，先從最迫切需要的學起。

（3）實際生活的經驗。人是社會的產物，無論什麼人都不能離開社會獨自生存。換言之，只要你是“人”，你一定要和社會發生關係；與社會的關係越密切，則你的實際生活的經驗就越豐富，也就是你的知識的豐富。並且和從書本上所獲得的知識不同：書是死的知識，而經驗乃是活的學問。一個鄉下人，他雖沒有讀過書，但他也能耕種，也能生存在社會上，就是因為他有實際生活的經驗。所以，“實際生活的經驗”是求知識的過程中最重要的一項。

就說書吧，它是“人”寫的，書裏所寫的都是著書人的知識。我們讀書就是讀人家的知識。一個人幼時讀書，總是絕對的信任書，以為只要是書上說的話總是對的。等到年齡漸長，有了豐富的實際生活的經驗，同時讀的書也越多，於是對許多書上所說的漸漸起了懷疑，甚至覺到有許多地方簡直是錯誤的。這就因為他是憑他的經驗得到了新的啟發，能夠判別是非了。如果他沒有這些長期的實際生活的經驗，他就不能有許多活的學識，用一切現實的“事理人情”來判別書上所說的話。

我們知道，宇宙間的一切事物，都是動的，不斷的演變發展的；書雖是人類實際生活經驗的產物，書上的知識雖可幫助你去認識社會，但社會的實際生活的經驗更能改正書上的錯誤，或補書本的不足，也就是能使你的知識更加豐富。

再舉例來說。譬如一個陌生的人跑到上海來，縱然事先他是讀過甚至能背誦"上海地圖"的，最多他也不過只知道一個東西南北和到什麼地方應乘幾路電車等等，一旦遇到一條地圖上沒有的小路，他就沒有了辦法；就是他所記熟的幾條大路，也決不會沒有弄錯，總不及曾經在上海住過一年半載的人來得熟悉。然而反過來說，他總要比那事先未讀過上海地圖而單靠瞎闖的陌生人要便利得多了。所以我們應當知道，讀書也是幫助經驗的不足；但是如果光讀死書而無實際生活的經驗，是不能有進步的活的理解的。比如大發明家愛迪生氏，他一方面從書本中獲得前人的經驗、發明，一方面更靠着自己去實驗；如果他沒有一次一次的實驗，怎會有這許多發明呢？所以，歷來有許多人，雖是"胸羅萬卷"，但因為他不去多與社會接觸，不把從書上所得的知識和社會實際生活的經驗的知識配合起來，結果只成了一位"書獃子"，一部活而又不能取用的"萬有文庫"而已。

總括起來說，我們求知識的主要條件，除了基礎的工具知識以外，其次就是讀書和實際生活的經驗。關於讀書方面，我們的第一主張是"活讀書"。古人雖說過"盡信書則不如無書"的話，在原則上雖然承認"書"應當"活讀"，然實際上我們的古人以及許多自命為讀書者的今人，仍多是過着書齋的生活，很少與社會接觸的實際經驗，所以雖有活讀書的理想，而結果仍不能跳出"書"的範圍以外。我們看看歷史上，凡是在學問上事業上有點成就的人，比如老子、孔子、孟子、墨子、司馬遷、杜甫、王安石、朱熹、王陽明、文天祥、金聖嘆、孫中山、康有為、梁啟超、宋教仁、朱執信、廖仲愷等，他們之所以能有獨創的見解，說出前人所未曾說過的話，發動了革命的思想和事業，就是因為他們都有極豐富的實際生活的經驗，決不是死讀書、拘泥於“書”上，而是以自己的經驗與書本子融合起來，成功一種新見地，這新見地就是他們的偉大。因此我們的第二主張就是“讀活書”。單讀他人已有的經驗所寫成的書是靜的書，還是不夠，尤其需要的是實際生活的經驗，這在前面已經說過了。如何可使你實際的經驗豐富呢？那就要注意社會上一切活動的事物，這些活的東西就是活的書。比方“你”，我如果要研究“你”，那你就是我的一本活的書，我研究後所得的知識，就是活的知識。我們對於社會上所發生的問題，均應作如是觀，就我們的需要與理解把它活讀起來，這就叫做“讀活書。”

我們看到目前社會上一切現象的頹廢，不振作，好像將要死去的樣子，歸根的研究起來，實也未嘗不可說是由於上上下下讀書者死讀書、讀死書的人太多的結果。要挽救它，就唯有反過來請大家根本上改變過去對於讀書的觀念和認識，那就是要“話讀書”“讀活書”，然後這整個社會民族才可以慢慢蘇轉的“活”過來。

個人自修和集體研究

庶　謙

在我們這個尊重個人、發展個人的社會裏，在讀書方法上的表現，就是注重"個人自修"。

據說孔二先生曾經有過三千弟子，"身通六藝"的也有七十二個。但是，我們只能夠從"吾日三省吾身"和"退而省其私"一類的文字上看出他們的個人自修，卻不曾聽說他們在學問上有過一次怎樣的"集體研究"。

現在是有了學校了，從幾十個到幾千個的學生都住在同一場所；聽講的時候，也是多數的學生聚集在一堂，這總算有了集團的形式了。但是，究竟僅只是一個形式；離開了課堂，全部的學生們，他們就各個孤立的幹自己的去了。

在一個舉行試驗的課堂中，一位教師向學生們說道："你們要各做各的。自己做出了，切不要告訴別人；各人做各人的成績，不要把自己的本領告訴別人呀！"在我們的社會裏，教師這樣的去教訓學生，並不是偶然的。

不過，在現在的社會裏，我們想要研究的學問既然是多得很，在時間上財力上不僅是一班窮小子沒有大成就的可能；就是一班闊人，要想在學問上大有成就也是千難萬難的。

闊人要研究學問，他們自有他們的打算，這裏也不必去管他。不過，為了一般窮小子的學問，那就只有集體研究的一法。

集體的研究，也不一定要等到有了三五十個人才能夠開始，就是最少有了兩個人也可以開始集體的研究的；自然，人數是多點更好。

對于一件事體，兩個人分工合作地去研究，所得到的結果，便一定比兩個人各自研究的多，也比兩個人各自研究的好。因為在分工上省出了重複耗費的時間和財力，所以在材料的搜集和整理上，要比兩個人各自去做的要多。

因為在討論上能夠引出兩個人都不能想出的東西，並且又能夠把不重要的乃至不正確的東西拋棄，所以又要比各人獨做的結果要好。並且，個人的反省和自制是多麼的靠不住；兩個人合作起來，就有了相互的督促和批評，成就了只許向前不許退後的一個保證。

這只就兩個人說，結果上已經較多而且較好。若是成就了更多人數的集體去研究一件學問，那種由集體的力量所做出來的成績，更不是任何個人所能夠辦得到的。

因此，一般想研究學問而時間財力都不夠的人們，更應該走上集體研究的道路。

凡是研究同一性質的學問的人們，從此便應該組織起來，把問題做着中心，分工合作地去幹；有計劃地去分地搜集材料，有秩序地來共同地開會討論。這樣才能夠打破讀書上一部份的難關，這樣才能夠看出集體勝於個人的一種力量。

一九三四，一○，二二

讀書與用書

陶行知

（一）三種人的生活

中國有三種人：書獃子是讀死書，死讀書，讀書死；工人、農人、苦力、夥計，是做死工，死做工，做工死；少爺、小姐、太太、老爺是享死福，死享福，享福死。

（二）三帖藥

書獃子要動動手，把那獃頭獃腦的樣子改過來。你們要吃一帖"手化腦"才會好。我勸你們少讀一點書，否則在頭腦裏要長"瘩塊"咧。工人、農人、苦力、夥計要多讀一點書，吃一帖"腦化手"，否則是一輩子要"勞而不獲"的。少爺，小姐，太大，老爺！你們是快樂死了。好，願意死就快快的死掉吧。我代你們挖墳墓。倘使不願意死，就得把手套解掉，把高跟鞋脫掉，把那享現成福的念頭打斷，把手兒腦兒拿出來服侍大衆，並為大衆打算。藥在你們自己的身上，我開不出別的藥方來。

（三）讀書人與吃飯人

與"讀書"聯成一氣的，有讀書人一個名詞。假使書是應當讀的，便應使人人有書讀，決不能單使一部份的人有書讀，叫做讀書人，又一部份的人無書讀，叫做不讀書人。比如飯是必須吃的，便應使人人有飯吃；決不能使一部份的人有飯吃，叫做吃飯人，又一部份的人無飯吃，叫做不吃飯人。從另一方面看，只知道吃飯，不成為飯桶了嗎？只知道讀書，別的事一點也不會做，不成為一個活書架子嗎？

（四）吃書與用書

有些人叫做蛀書蟲。他們把書兒當作糖吃，甚至於當作大烟吃。吃糖是沒有人反對，但是整天的吃糖，不要變成一個糖菩薩嗎？何況是連日帶夜的抽大烟！怪不得中國的文人，幾乎個個黃皮骨瘦地像鴉片烟鬼一樣。我們不能否認，中國是吃書的人多，用書的人少。現在要換一換方針才行。

書只是一種工具，和鋸子、鋤頭一樣，都是給人用的。我們與其說"讀書"，不如說"用書"。書裏有真知識和假知識。讀它一輩，不能分辨它的真假；可是用它一下，書的本來面目便顯了出來，真的便用得出去，假的便用不出去。

農人要用書，工人要用書，商人要用書，兵士要用書，醫生要用書，畫家要用書，教師要用書，唱歌的要用書，做戲的要用書；三百六十行，行行要用書。行行都成了用書的人，真知識才愈益普及，愈易發現了。書是三百六十行之公物，不是讀書人所能據為私有的。等到三百六十行都是用書人，讀書的專利便完全打破，讀書人除非改行，便不能混飯吃了。好，我們把我們所要用的書找出來用吧。

用書如用刀，

不快就要磨。

獃磨不切菜，

怎能見婆婆？

（五） 書不可盡信

孟子說：“盡信書則不如無書。”在書裏沒有上過大當的人決不能說出這一句話來。連字典有時也不可以太相信。第五十一期的《論語》的《半月要聞》內有這樣一條：

據二卷十二期《圖書評論》載：《王雲五大辭典》將湯玉麟之承德歸入察哈爾，張家口“收回”入河北，瀛台移入“故宮太液池”，雨花台移入南京“城內”，大明湖移出“歷城縣西北”。

我叫小孩們查一查《王雲五大辭典》，究竟是不是這樣。小孩們的報告是《王雲五大辭典》真的弄錯了。只有一條不能斷定：南京有內城外城，雨花台是在內城之外的，但是否在外城之內，因家中無誌書，回答不出。總之，書不可盡信，連字典都不可盡信。

（六） 戴東原的故事

書既不可以全信，那末，應當懷疑的地方就得問。學非問不明。戴東原先生在這一點上是給了我們一個很好的引導。東原先生十歲纔能開口講話。大學有經一章，傳十章。有一條註解說這一章經是孔子的話，由曾子寫的，那十章傳是曾子之意，由他的門徒記下來的。東原先生問塾師怎樣知道是如此，塾師說朱文公（夫子）是這樣注的。他問朱文公是何時人，塾師說是宋朝人。他又問孔子和曾子是何時人，塾師說是周朝人。周朝離宋朝有多少年代？差不多是二千年了。那末朱文公怎樣能知道呢？塾師回不出，贊歎了一聲說：“這真是個非常的小孩子呀！”

（七）王冕的故事

王冕十歲時母親叫他到面前，說："兒呀！不是我有心躭誤你，只因你父親死後，我一個寡婦人家，年歲不好，柴米又貴，這幾件舊衣服和些舊傢伙都當賣了。只靠着我做些針線生活尋來的錢，如何供得你讀書。如今沒奈何，把你送到隔壁人家放牛，每月可得幾錢銀子，你又有現成飯吃。只在明日就要去了。"王冕說："娘說的是。我在學堂裏坐着，心裏也悶，不如往他家放牛，倒快活些。假如我要讀書，依舊可以帶幾本去讀。"王冕自此只在秦家放牛。……每日點心錢也不用掉，聚到一兩個月，偷空走到村學堂裏，見那闖學堂的書客，就買幾本舊書；逐日把牛拴了，坐在柳陰樹下看。

現在學校教育是對窮孩子封鎖。有錢、有閒、有面子纔有書念。我們窮人就不要求學嗎？不，社會就是我們的大學。關在門外的窮孩子，我們踏着王冕的脚迹來攀上知識的高塔吧。

《"讀死書""死讀書""讀書死"通嗎》通嗎?

洞　若

　　最近在《教育雜誌》第二十五卷第三號讀書問題專欄內，看到張耀翔教授《"讀死書""死讀書""讀書死"通嗎》這一篇文章，覺得在讀書運動聲中，張先生拿住這一個問題來討論，是非常應時，非常聰明，而同時是有牠很大的意義和作用的。張先生是個心理學教授，是我們大家都知道的；我為張先生着想，很希望張先生多去做一點在他那篇文章裏所述的工作，如讀一遍學生字典、編中國識字測驗啦，讀一遍《辭原》去收集雜音專門名稱啦，或者是細讀《北平電話簿》一遍，去寫《北平商店之招牌》那樣的大文。所有這些工作，也許都做得不壞，可是說句不客氣的話，張先生一跑到心理學以外的理論領域來，就不得不顯得外行了（不消說，就是張先生所朝夕從事的心理學的研究，也是值得我們探討批判的，雖然張先生本人并沒有獨立地積極提出什麼主張）。然而張先生畢竟這篇文章是不得不寫的；張先生的大學教授的地位，決定他不得不如此做呢！當然，張先生是會極端憎惡我如此去理解他行為的動機，但在我都認為這是事實，不得不順帶地指明出來。關于這一點，這裏暫且不必多說下去了，我們還是言歸正傳地討論討論張先生所提出來的幾個問題吧。

　　我不知道首先在那裏高聲大叫"讀死書""死讀書""讀書死"的那一班人是怎樣講的，我只覺得張先生的反對論調是太可笑了。《周易》《尚書》《毛詩》《禮記》這些古書，我想誰也不至于否認在歷史上的價值，而說牠是一部絕對無用的書；然而必需注意的，就是牠只有歷史上的價值。在一個研究古代歷史的人手裏，在整個人類或中國社會發展史的理解上，無疑地牠是有其功用或價值；但在現在還要懷着以半部《論語》治天下的夢，像張教授所肯定的"但歷代都有人用來正心、修身、齊家、治國、平天不，且具莫大成效；就在今日還有不少的人在計劃或已實行如此用法"這種話，進化先生就不得不歎服張先生的愚昧和無知了。中國目前是怎樣一個中國，中國目前處于怎樣的國際環境？四書五經所代表的是什麼樣一個時代？我們當前的時代和那時代有什麼不同？在我看完了張先生的文章以後，我不得不說張先生是不理解的，同時也是不肯理解、不能理解的。

然而可怪的是，張先生却偷來了達爾文"適者生存"這一個原則，來掩飾他自己的無知。你看，他說得多末巧妙。

假使我們拿適者生存這原則來作價值的標準，似乎書愈古，牠的價值愈來得高；因為牠能長期抵抗以前，同時及後起無數和牠競爭的書。牠會經萬刼而不淘汰。風行一時的書，未必風行百世。時髦的理論（尤指幼稚科學中之理論），往往像時髦的汽車和服裝，遇幾年要壞，要落伍的。後之視今，一如今之視昔。

這眞是要命，達爾文若是在地下有知的話，他會哭笑不得呢！如果僅僅因為西書五經到現在還留存着，便霑霑自喜以為這是最適者，這是最高價值的東西，那末地底下挖掘起來數萬萬年前的爬虫類化石，也可以口眼張開笑着說（可惜已經張不開口眼。成了化石，笑不起來了，假使牠原來就會笑的話）："我是世界上最適者了！"不是嗎？我們的四書五經有牠古嗎？而且人們是多末小心謹愼，比珍藏古書還寶貴似的將牠放到古物陳列所去呀！但爬虫類倘若眞的是最適者的話，地球上根本也不會容許人類存在了，更不會有什麼張耀翔在那裏當大學教授。

我不得不再說一遍，四書五經的歷史價值是誰也不能否認的，這就好像每一個有頭腦的人不肯去否認古爬虫類化石在我們地質學家、生物學家進行古生物和地質研究的價值一樣。我們可以說：四書五經便是中國古代社會歷史的化石。即使事實上要求我們承認，理解人類自身的社會比理解古生物和地質學更要緊，因而我們肯定四書五經的價值比古代爬虫類化石的價值來得大；這也完全是出於事實上的要求、我們自身利益的要求，與張教授所提出來的古不古這個標準是無絲毫關係的。

至于"風行一時的書"，張先生認為未必"風行百世"，這是的的確確的；但為什麼一定要風行百世呢？風行一時也儘夠了。牠之能夠風行一時，也正是有其歷史上的必然的；牠會從歷史上的必然取得歷史上的價值和地位。只有歷史停滯在某一個階段上的時候，適合這一個歷史階段的觀念形態才會被當時的人認為放諸四海而皆準，揆諸百世而不惑。"時髦的理論"所以"往往像時髦的汽車或服裝，過幾年就要壞，要落伍"者，便是由于近百年人類歷史所起的變革大過那以前數千年所起的變化的總和的結果。歷史進展到資本主義這個階段，前進的速度，是過往歷史上任何時期所不能企及的。隨着生產力和人類關係不斷的擴大和開展，牠不斷地要求新的觀念、新的刺激產生；隨着生產關係之內部矛盾的加深，代表對立的生產關係的集團不停地要求新的理論作支柱。這一切急速的變革都不是資本主義以前任何時代所能有的，因而在這些時代，無論是技術或理論方面存在的年代都要顯得格外悠久；然而我們是不是因為蒸汽機關的火車，會在不久的將來為別的機車所替代，因而從牠存在的短促來斷定不如存在過幾千年的獨輪車呢？這樣一個錯誤的結論，也許只等待張耀翔教授去做吧！

張教授將歷史的存在與現實的存在混為一談，因為每一部書都有牠歷史的價值便斷定了天下沒有死書，這用意無非將歷史的存在來混淆現實的存在，將死去了的意識來模糊活人的頭腦而已。老實告訴張先生，一切存在都有牠存在的理由；可是當那存在的理由消滅了的時候，不管你拿出怎樣唐‧吉訶德先生的努力，都是徒然的。

凡是離開我們現實生活，脫離我們現實存在，並且是阻礙我們現實生活的前進，戕害我們現實存在發展的書籍，我們都有理由說牠是與我們生活無關的死書。說得更明確一點，中國目前正處于資本帝國主義的鐵蹄統治下面：最大多數的勞苦大衆陷于水深火熱的狀態了；一切模糊大衆反對帝國主義意識，閹割大衆反對帝國主義情緒的書籍，我們都有理由可以說牠是死書。反過來，凡是眞正幫助我們大衆求得生存、民族求得解放的書籍，我們都有十足的理由，可以說牠是好書，是活書，是指導我們行動的理論，是幫助我們獲得自由解放的南針。

只要我們不願意當資本帝國主義統治下的奴隸，只要我們不願意脫離站在死亡綫上的爭鬪、求生存求解放的勞苦大衆的立場，我們都得站在時代的意義上宣告那些脫離時代的書籍是桎梏我們的死書；為着忠于我們的時代任務，我們必需說這一個死書與生活書的標準是絕對的。

那末作為張耀翔教授宣告"讀死書"不通的另一個例證——字典和電話簿，究竟是不是絕對的死書呢？或者是像張耀翔教授所稱的有用的活書呢？這個問題，我們是應該分別來考察的。很顯然地，一本字典在一個會查字典、需要查字典的人手裏，一本電話簿在一個需要打電話的人手裏，我們都得承認它是一部有用的書籍；至于字典到了張教授手裏會作為編心理測驗的資料，電話簿到了他手裏會作為一種特殊研究對象，那有用是不消說得的。但是字典在一個不識字的人，或者是不需要查字典的人手裏，換句話說，當字典、電話簿和我們生活沒有關係、沒有交涉的時候，我們却在那裏死讀，這能不算是讀死書嗎？所以對于特定的個人的生活不能發生影響、不能發生作用的書籍，在這一個特定的個人看起來，牠便不能不算是一本死書。我們絕不能因為張耀翔教授讀了一遍字典編心理測驗，字典對于張耀翔教授有了用處，就連我們在不需要用字典的時候，拒絕別人——譬如就是張耀翔教授吧——強迫我們或鼓勵我們讀字典的勒令或勸告，說一聲"我不要讀這個死書"的權利也喪失掉了。張教授從他自己個人生活的特殊要求，來達到對任何個人、在任何時間、任何地方都無死書的一般結論，實在是非常蠢笨的。張先生忘却了像他那樣當心理學教授的人，要在三四百萬中國人當中，才有他一個呢！

這里，很顯然地張先生又犯了一個絕大的錯誤：他不但沒有分清楚歷史的存在與現實的存在，並且也沒有弄明白他自身的個人存在（這個個人的存在，其本質不消說是社會的，嚴格地說來，是應該說社會的存在的）與大衆的存在之間的差異。他從心理學教授的生活出發，所得的結論不足為訓，也正是無足怪的。可笑的，是他從這種特殊的例證出發，來為那些死書、為那些讀死書的人辯護、張目，張先生眞不愧盡了他大學教授所應盡的任務了。張先生確是忠于他自己的社會存在的。

關于什麼是死書這一個問題，已約略如上述，現在我們再作一個簡短的結論：違反時代和大衆要求的書籍，應絕對地認為是死書；

對于特定的個人的生活全無關聯和影響的書籍，在特定的期間，對于這個個人說起來，便相對地是一本死書。

其次，我們要講到什麼叫"死讀書"這一個問題了。這是一個態度和方法的問題；張先生以心理學教授的資格來講這個問題，似乎應該有些獨到的地方了。然而失望得很，他首先連世界上有人"死讀書"這一個現象，都根本否認了。你看他怎樣說："我以為如承認讀書是件好事，正不妨多讀，集中注意的讀。讀書不像食物，吸收多了會停滯的；倒是像財貨，多多益善。"這末了一句話是非常有趣的，和胡適的"大拉萬能主義"（"大拉"即洋錢）如出一轍；這裏我們暫且不管牠。讀書是一件好事，是誰也不能否認的；但是只讀書往往也就成為一件壞事了，我們吃多了食物會停滯，難道死板地多讀了書籍，不會停滯嗎？消化不良的人可以引起神經衰弱症；知識的消化不良，不但可以引起同樣的病症，並且比這種病還不知要危險得多少。一串死知識不相關聯，知識是知識，生活是生活，人做了字紙簍和書架，有誰能說這不是多讀書的害處呢！

張先生要求我們對于"無需為個人衣食住而勞作，致全力于讀書的人，不管是為求學或消遣而讀"，"都不應非議他"。可惜得很，除了消遣這個目的，張先生說得很明顯而外，讀書是為的求學這句話，實在太籠統，但從下文"如讀者嗜沉默，因為他時刻在思想；不愛參加其他活動，因為他已經得到最高等最愉快的活動"那一段看來，我們可以說，張先生是在那裏倡導"為求學而求學""為讀書而讀書"；他希望我們沉默起來，思，深思，不要參加其他的活動。好，讓中國也產生一批康德先生出來；但是我不得不疑慮那結果，是產生一批字紙簍和書架子。資本主義已走上了日暮窮途的道路，在世界任何一國再也不會產生康德及其前後那樣絢爛偉大的古典哲學了。

在帝國主義一天天加緊宰割我們，獨佔和瓜分在那裏鬥法，整個的中華民族走到了不是生就是死的最後關頭的目前情勢下面，張先生在那裏要求青年"致全力于讀書"，這是什麼樣的意思呢？張先生也許要我們"讀熟了'九一八''一二八'的歷史"再去"收復失地"，叫我們先做了"文弱書生的張良"或者是"世代讀書的班超"然後再去做刺客或者是大將吧！但是可惜得很，目前抗日血戰的已不是馬占山、蘇炳文這些抗日英雄，而是那些沒有讀過"九一八""一二八"歷史書的東北勞苦大眾；我們的時代已經不是英雄偉人的時代了（實際上，過去那種英雄造時勢的話便根本是錯誤的；任何英雄都是通過那客觀環境的要求產生出來的，只是他積極地較其他人們更發生了能動的作用而已）。野心家為着他自身和他所自屬的少數特定羣的利益，犧牲大多數人的利益，來成就個人英雄豪傑的美名，在目前這時代裏已經是不需要的了。大眾自身生活上所受的壓迫與痛苦，便是最好啓發他們的書籍；目前的大眾，正以歷史上任何一個時代的被壓迫者都沒有的自覺來參加、推動目今這一個歷史上的巨大變革。歷史的變革，在現階段已經成為大眾自覺自發的事業了。

所以，"啓發智能最有效的工具"絕不是"書"，而是生活的實踐。走到馬路上看見外國水兵打我們的車夫，走到工廠門口看見外國工頭調笑我們的女工，這對于一個有血性的青年的教育意義，有誰能否認趕不上從書本上所得來的同樣知識呢！當然我們絕對不能忽視正確的書籍之理論指導作用的意義，然而一切理論指導終極的目的總還是歸于實踐的。"我們不是單純地要求認識這世界，主要地是去變革這一個世界！"

只有張耀翔教授才會在那裏肯定沉默的思想，丟開了實踐，還依然算做最高等最愉快的活動。"為求學而求學""為藝術而藝術"，這些口號雖然聽上去很漂亮，在某一個時期也曾出過風頭，但在資本主義臨到衰老死亡的階段，康德時代所要求的武器也不得不跟着消失了牠的意義。資本主義為着鞏固他自身統治的地位，民主政治已經不能給予他們任何保障，獨裁政治不僅在德意二國長大，實際上已經在世界的任何一國出了頭；藝術已經斷絕了他們創作的根源，歌頌戰爭、鎮壓被壓迫者的反抗已經代替了唯美的內容，教育更是最直接地做了鼓動戰爭與壓迫的工具。你想，這時候還用得着一個人"為求學而求學""為藝術而藝術"嗎？同樣的，在中國"五四"時代，也曾有人提倡過這種態度，但是隨着民族工業之被資本帝國主義窒息，沒有適宜的土壤和水份來培養，這一個資本主義最上層構造的精神之花，結果也只好衰滅了。張先生希望以他個人的努力來挽回那純理知探求的風氣，無疑地只好是一個幻想。

至于叫青年們修養到"大智若愚""大巧若拙"這一種可以獲得所謂最高愉快的態度，對于大衆和民族生存，不但是無絲毫裨益，並且是一帖有毒麻醉劑的。

現在我們可以將這二個問題作結論如下：凡是要求和人間實生活脫離，要求與社會的實踐、時代的實踐隔絕，而以自身為目的的讀書，我們都要稱它為死讀書。

最後，我們要說到"讀書死"這個問題了。張先生所提出來的意見，完全沒有觸到核心。首先，他將這句話孤立地看起來了。這句話應該被認為是前兩句話的結論。讀死書，是讀了要不得的書，是一個內容和材料的問題；死讀書，是一個態度的問題。我想，讀的材料和讀的態度都發生了最嚴重的錯誤，如何能夠避免那悲慘的

"讀書死"的結果呢！而且這個死決不是個人形體的死，而是個體的精神上的死，和整個民族生存、大衆生存的死。

關于這點，這裏暫時不必多講，因為在以上我已提出了足夠達到這個結論的資料來了。

讀歷史的常識

柳乃夫

　　打開我們的歷史教科書，你就會看到這樣一類的定義："歷史者，已往之陳跡也。"自然，歷史是已往的陳跡，是過去事情的記載；但是這並不能把歷史的眞意義說明。因為歷史不是記錄一些朝代的變更，英雄的事蹟，就算給了知識與我們。所以像我們讀過的歷史課本，那裏面只是一些帝王的傳記，是一些死的文字，旣說不上是科學知識，當然也對於我們沒有任何的幫助了。

　　那麼，要怎樣才配得上說是歷史呢？其實，這也很淺顯的。因為人類是生存，是自然要求生活的，所以生存在社會中，為了滿足衣食住等的需要，無時無刻不在活動。因此，大家便發生了一定的關係，這是人與人間的關係；這種關係，並不是一成不變的。人類為了容易滿足他們生活的需要，常常都在改良他們獲得這些生活資料的方法。這種方法改良一次，社會就會發生變化，向前進步，人與人間又出現另外一種的新關係。把這些舊的與新的關係連續的發展綜合起來，就叫做社會的進化。歷史就是把人類社會進化的過程，有系統的敍述出來的科學。

　　照這樣說來，歷史雖然是過去事實的記載，但並不像百貨公司裏頭的貨物，樣樣都擺陳出來；尤其不是把過去帝王的功績，一一地記錄起來留給後人看，說這是流芳百世或清史揚名的好榜樣。歷史一定要能夠供給我們一種有益的知識。這種知識，是要經過一番分析的工作，把過去人類活動的經驗，在社會中發生了些什麼作用，在那些情形下面，用那些方法去求生存，是成功了或失敗了。這種成功和失敗，都不是偶然的，也不是甚麼"命運"或"天意"鑄成的。那是有一定的原因和結果的。我們要從古人成功或失敗的教訓中，去增加我們求生存的經驗。換句話說，要把過去人類在各時代不同的環境中，用過那些方法，怎樣去把社會推動，又怎樣使社會變化成新樣子，把這些知識綜合起來告訴我們，才算是有價值的歷史。歷史不是"死的"或"靜的"屍體，而是"活的"或"動的"過程，我們不應把它當做好玩的古董，而要把它當作我們最好的導師。

正因為歷史是人類過去在社會中的實際活動，不是空洞的或虛構的事實，所以我們一定要研究歷史。說淺顯一點，我們現在所稱為歷史的，在當時的人看來，也像我們自己對於目前生活的奮鬥一樣，再過一些日子，我們現在為生活奮鬥的種種情形，由我們的後人看來，便又稱為歷史了。我們之所以要研究歷史，就是因為我們時時刻刻都要在社會中活動，為了生活而活動。俗語說："一人之知識有限，天下之義理無窮。"我們要想多得一些經驗，多得一些處世的方法，換句話說，多得一些謀生存的條件，便不得不借過去的經驗知識，來作我們的參考，來作我們的指導。

像前而說過，人生在社會上，第一個問題便是要求生存，要獲得生活資料。過去的人，用了種種方法在過去的社會中去尋這些資料，如果在尋找這些資料的時候，沒有任何障礙，那根本就不會有甚麼問題發生，人類也真可以說是在天堂中享受快樂了。但是事實告訴我們，人類的歷史，並不是那樣幸福的。這是甚麼意思呢？就是說，從有文字把人類在社會中的活動記載下來的時候起，人與人之間，無論如何都有一小部分人是過着坐享現成的生活；又有一大部分人是受着壓迫，替那小部分的人作牛馬，供給生活資料給他們享福，自己雖整天不息地勤勞，却得不到飽暖。這種現象，不光是一個地方、一個時代是這樣的，一直到今天，全世界上（除了一個地方）、各時代中都是這樣的，不過因為地方與時間的關係，表現出來的狀態，不一定是完全相同的罷了。

我們只要讀過歷史，便會了解人類社會為甚麼會經過各樣不同的時代，一直繼續變化到現在的樣子。其間經過的各種現象，當然不是偶然產生的，而有一定的因果關係。知道了這種因果關係，我們不但可以明白了解過去的事蹟之所以然，而且還可以推測將來會變成一個什麼樣子。預知了將來，我們就能預備去對付。因此，研究歷史的目的，就是要知道過去，拿過去的經驗，來作為現在社會生活合理的指導。歷史一定要有這樣的意義，才是"活的""動的"，才不失為科學的價值；不然，就真的成為敘述"已往之陳跡"而已了。

上面是把歷史的意義和我們為甚麼要研究歷史的理由，大約說明了。現在便要問：歷史既然對於我們的關係，是這樣重要，那麼，我們應當怎樣去研究它呢？

像前面說過，歷史既是敘述社會進化的科學，那麼，我們要把幾千年的事蹟加以研究，不是很困難的嗎？不，這是有方法去做的。什麼方法呢？就是我們只要知道社會的"變動性"就得了。所謂社會的變動性，是含有兩種意思：一方面是社會為甚麼會"變"，一方面是說社會怎樣在"變"。我們又知道歷史不過是人類活動的記載，所以前一種意思，又是說人用了什麼方法去推動社會；後一種意思，又是說社會變動一次以後，出現了怎樣一個人與人間的關係。現在為了要得到有系統的知識，我們就把人類的歷史，用"變動"的眼光去加以分析吧。

但是，我們在沒有分析之前，還有兩點要認識清楚的：第一，人雖然也是一種動物，但和其他的動物不同；不同的地方，主要的是人類會製造工具、幫助生產，以滿足生活上的需要。應用工具來實行生產的方法，簡單地稱作"生產方法"。在一定的生產方法之下，人類生產的能力，叫做生產力。第二，在生產的時候，人類相互間必須發生一定的關係，共同合作；這種關係，就叫做生產關係。

我們根據這兩點，便可以看出歷史的變動性的基礎。比方說，人類在最初的時候，就是在沒有歷史記載以前，他們只是過着極其自然的生活，他們只知利用現成的石頭、石子、樹枝、樹棒等類的東西，來做他們勞動的工具，向自然界去獲取一些生活上的資料。那個時候，他們的生產力是很微薄的，他們只知捕魚打獵，後來才漸漸知道畜牧。他們團體的範圍很小，大家過着共同生活——就是大家一道做事；共同分配——就是大家一樣享受的生活，換句話說，人與人間的"生產關係"，完全是平等的。歷史家把這個時期，叫做"原始社會"。

但是，後來人數漸漸增多了，需要自然更複雜起來。從前的"生產方法"已經不能滿足要求，人於是又在自然界中發現了金屬，他們製造了一些簡單的金屬工具；大家知道了種植，農業也開始萌芽，能夠生產更多的東西。換句話說，這時的"生產方法"進步了，生產力增加了。誰都知道，這個時候要做的事體多起來，於是這個團體和那個團體，常常因為接觸而打仗；打贏了的團體，捉到許多俘虜，就把他們當作奴隸來替自己作工。這時，社會上出現了兩種人：一種是不做事，坐吃現成的；一種是像牛馬一樣作工的。換句話說，這時人與人間的"生產關係"，已經不像從前那樣一律平等。

古代希臘、羅馬社會裏面，我們知道一方面有貴族、自由民，做支配者；一方面有奴隸受他們支配。這個時期，才開始有歷史的記錄。歷史家把它叫做"奴隸社會"。

過後，人事更加繁雜起來，他們又發現了好像鐵那一類的金屬，便製造了像犁呀、鋤呀、鋸呀、斧呀……等類的勞動工具。因為"生產方法"的進步，農業發達了，手工業也開始萌芽了，生產力更加發達。一方面佔有許多土地的地主，是需要多量的農民替他作工；一方面在城市裏頭手工製造業的老闆，又養了許多徒弟。說明白一點，從前那種專靠奴隸的生產關係，已經不能滿足新的需要。所以這個時期人與人間的"生產關係"，又一變而為地主對農奴、行東（師傅）對徒弟的新樣子。歷史家把這種社會叫做"封建社會"。

再後一點，交通方便了，商業方便了，社會上就有了新發跡的人。他們聚積了很多錢，成了新起的資本家。到了蒸汽機一發明，就是"生產方法"更進一步，這時有錢的人，便開設工廠。但是這裏需要很多自由做工的人，於是以前那種靠農奴生產的生產關係，便不能滿足這個要求，所以就發生了推翻封建制度的革命。社會上人與人間的"生產關係"現在變得更簡單了。歷史家把這個時期叫做"資本主義社會"。

據說，將來社會還要"變"，一直變到人與人間不發生利害衝突、大家都共同努力去增進人生的幸福時為止，歷史才算是走上了正軌。

總之，我們知道"生產力"的發展和生產關係的變革，是社會變化的基礎。我們能夠從這兩點出發來研究歷史，那麼，雖然是幾千年的事蹟，也可以一目瞭然了。

怎樣 "讀" "寫" "算"

庶 謙

（一）總說幾句

這個題目，是極平凡的；好像要說的別人已經說得儘夠了，用不着我來再說；就在聽的人也好像聽厭了，用不着再來聽。不過，我覺得 "讀" "寫" "算" 的方法，它也應該和別的真理一樣，並不是千古不變的；因此，在我們民族危機十二萬分嚴重的時候，把這個陳舊的題目重新檢討一下，也不是不需要的。並且，當今日一般在經濟恐慌中掙扎着的青年，正在開始努力讀書的時候，把我個人對于 "怎樣讀寫算" 的一些零星的意見提出來，也或許可以備一備參考。

現在就分別地來說罷。

（二）怎樣 "讀"

我以為所謂 "讀"，不應該僅只包括着讀那種書本子上的書，而是應該包括着讀我們日常相互間口頭上所對白的說。因為文字是代表語言的；我們固然應該努力去讀文字，同時，我們還應該努力地來 "讀語言"。

"讀語言" 的方法，我以為要注重四點：第一，你在某一個環境里生活，就該努力地去學習那一個環境裏的方言。比方，你是個廣東人，你若是到上海來生活，那你便應該首先學習上海話；因為要這樣，你才能夠和上海的大衆互通情意。第二，要努力練習所謂"普通話"。在中國語言進展上的趨勢，無疑的在目前是正在向着這種普通話前進的。這是一種事實上進步的趨勢，並不是任何種的大力所阻止得來的。我們為了順應這一種趨勢，促成這一種趨勢的普通化，我們自己就該每一個人都去學習；在這裏，最要緊的是首先把你自己習慣上所引用的土語，大衆所不了解的土語去掉，再多多採用一般人所引用的語彙和語調。第三，在你職業上或是當前的進修上如果有外國文的需要，你便該讀一點外國文。至於讀那一國的文字，那却是要你隨所需要的情形來決定。不過，在過去，有許多人把學習和應用分開，更不是因為要應用才去學習；他們去學習外國文是準備將來應用，到了後來，或是學到半途而廢，或是要應用的却不是從前學過的那一種文字。因此，不從應用上出發的學習態度，是目前應該矯正過來的。並且，在一般人沒有多的時間去讀書的時候，這種無目的地亂讀，尤其是極不經濟的。第四，比較多有一點時間讀書的人，世界語也可以略為學習一點。

對於拚音的方法，應該加以研究。我們不要隨便地斷定：中國的文字那里會有成為拚音文字的可能呢？其實，中國文字上的反切以及最近過去的注音字母，都已經把中國文字用字母來拚合了。說到拚的方法，如果學過一點外國文的或是注音字母的，那便是有了很好的基礎了。不過，如果一點外國文字也沒有學過的人，或是連注音符號也不曾學過，那末，學一種拚音那便是當前的必要。因為學過了一種拚音，才知道中國的每一個方塊字都不過是一個音段，由音段才組織詞兒，由詞兒才組織句子。

講到讀書本子，我們便要注意三點：第一，要讀近代的書，不要讀陳舊的書。因為近代的書籍里面，它已經把古代應該保存下來的東西，繼承下來了；卽使我們要直接去研究古代的東西，那也不是一般人所能辦到，並且，在目前的中國更不是一種急切的需要。第二，要讀進步的書，不要讀落伍的書。因為在我們目前的出版界里，同一樣是近代新出版新著作的書，然而在內容上仍有極落後極陳腐的東西，如果我們不去好好地選擇一下，這便和讀陳腐的書一樣，把自己拖到歷史的後面去了。第三，我們要多讀一般性質的書，不要讀太專門的書。我們平日大家這樣說，我們每個人總該有一點專門學問。這句話，在一般上看來，似乎是很對的，因為一個人有了一門專門學問就不愁沒有飯吃了。但是，且慢！在目前的中國，那些有了專門學問的人才，到那裏去應用呢？我們去學養蠶吧，但是中國目前的絲廠不是大多數關了門嗎？我們去研究農業吧，但是中國目前的農村不是已經破產了嗎？因此，我們在目前，應該用大多數人的精力來注意社會上一般的問題，把中國的民族危機打破，使經濟和政治一齊都上着正軌，那時候我們才有研究專門學問的可能與必要。雖然我們不能說，在目前，中國百分之百的人都不要去研究專門學問，然而，用最大多數的人來注意社會上一般的問題，在我們却是認為沒有疑義的。

再，我們的讀書，不應該專在書本子上去讀，而是相反的，主要的却還應該在社會的實踐上去讀。每一天國際間有一些怎樣的變動與開展，在我們的國內有一些什麼重要的變動，小而至於我們自己周圍的朋友間有一些怎樣的事件發生，這樣的一些，都是應該很用心地去考察去把握的。因此，讀報章讀雜誌應該是每個人主要的功課，而自己在朋友間的一切活動，都應該看做讀書時間表上一個重要的部分。

（三） 怎樣 "寫"

說到 "寫"，我以為應該分做兩方面講。第一是 "寫作"，第二是 "習字"。

要文章寫得好，首先是要注意內容，形式是在其次。雖然我們並不否認文字技術在寫作上的重要，然而如沒有好的內容，技術是單獨地要好也好不來的。因此，我們如果想要寫出好的文章，首先就要充實你對于社會和自然的認識；同時，還要從實踐中去增加你自己的經驗，從書本上去接受前人的遺產。

在動筆的時候，最要緊的是要設法使那些寫出來的句子像口頭上所說的句子。話是怎樣說，筆底下就怎樣寫，不要有意無意地去模仿外國文的句子，也不要模仿古人或今人某一篇的筆法。要使人家唸着你文章，就像聽到你正在說話一樣，那就很好了。

在你所說的話裏面，語彙是應該有一番選擇的。只要是能表述真實的事象和逼肖的情感的，我們都可以採用。不管那些語彙是從外國來的也好，是從中國各地土話裏來的也好。不過，當寫到筆下的時候，除了它能夠表述得真實或逼肖以外，同時還要極力注意那些看你的文章的人他們懂不懂。這就好像當你演說的時候，要注意聽的人，看他們懂不懂一樣。

至於每一篇文章的布局，那最好不拘定一種死板的格式。只要怎樣能夠把你當時要表述的內容，很清醒地表達出來，人家看了容易懂，容易感動，那就行了。古文中間的起承轉合等等，固然用不着；就是目前還有人採用的那種 "第一段是什麼，第二段為什麼，第三段怎麼樣" 的所謂三 W 主義，現在也用不着了。寫文章要隨時記得那就是說話；說從哪裏說起好，文章也從哪裏寫起好。

現在再來談到習字的問題。

如果在寫文章的時候，一個字忽然記不得寫了，那末，最好就隨便想一個同音的字寫上。如果連一個同音的字也寫不出，那末，寫上一個聲音相近似的字也可以。再不然，用羅馬字或注音符號拚一個聲音寫上也可以。這一個辦法，並不是我創的，而是那些認字不多的大衆們，他們在寫作的需要上創造出來的。

如果有哪一位先生說你所寫的是"白眼"，那末，你只要你所寫的人家看得懂就好了，白眼不白眼那裏有閒工夫去管呢？不過，白眼字如果在一篇裏寫得太多了，那末同時就該採用"詞兒連寫"，因為要這樣才不容易發生誤解。

至於手頭字，那自然是可以採用的，但也不一定要以目前有人公認了的第一期手頭字為限。你如果發現某這手頭字大家公用了，寫出來大家都能懂，你便不妨用起來。不過，我們要知道，中國自有文字以來這種方塊字的演變，它是並不曾有過一個時期暫時停止過的。同樣地，中國文字的進步，也決不會停滯在手頭字這一個算不得一個階段的階段上。

中國字的書法，向來是被一些有閒工夫的人們所重視的。他們臨碑帖、習行草，考究也十分地多，但這卻不是一般人能夠辦得到。並且，費去人們大部份的時間在這種細小的技術上，於大衆生存的進展上無補。

在目前還不能不用這種方塊字的我們，對于字卻也不能完全不習，因為你如果所寫的人家不能夠認出來，那便失了文字的作用了，這卻是不好的。因此，字還是要習，但只要寫出來大家認得出就夠了。

字，最好是寫得快，因為我們要時間上的節省。過去有許多先生們總提倡我們慢些寫，在現在，我們是沒有那些閒工夫了。

（四）怎樣"算"

關于一般人的怎樣"算"，我在別的地方已經說過一些了。在《讀書生活》的創刊號上，我寫過一篇《珠算和筆算》，在一卷三期上，我又寫過一篇《店員學徒怎樣研究算學》，那都是可以供參考的。

在這裏，我就只指出下述的兩點。

第一，有許多人，他們的數觀念實在是太模糊了。問他家裏有多少人，他的答案是七八個；究竟是七個呢還是八個？他卻要臨時數。他們日常生活上的開支，有的人是沒有預定的計劃，甚認為以這種生活上銀錢的計算是卑污下賤；有的人却又相反，他們是每一個小錢都要算得清楚，但是在重要的地方受到了大的損失，他自己甚至還不知道。因此，我以為，我們以後對於數觀念要弄得明白一些才好。不要實際上糊里糊塗，在表面上却裝出個滿不在乎的樣子。也不要錙銖計較，處處只打眼前的小主意，却忘記了更大的或是人們共同的幸福。

第二，我們要注意各種統計上的圖表，尤其是關於人們共同生活上的統計圖表。比方，在當前第二次大戰快要爆發的時候，全世界各國各種軍備數字上的比較怎樣呢？當目前中國入超數字特別驚人的時候，它的歷年增減趨勢怎樣呢？諸如此類的統計數字，我們應該努力地去搜集，去比較。我們不單不要嫌那些數目字太枯燥，並且還要從那些枯燥的數字裏面去看出活生生的內容來。要有注意統計的精神，才不會只看見個別的事象，而不看見一般的事象。

實驗的讀書

李公樸

　　這是民國二十三年十一月五日，我在尚文路江蘇省立實驗小學的演講詞，由童常君筆記下來，經我增刪過的。

　　諸位天天到學校裏來，一定知道是來求讀書，是來求知識的，但是怎樣求得的呢？有了知識怎樣運用呢？求知識的目的是什麼呢？這些問題在諸位腦子裏恐怕是很少想到的吧？

　　知識是怎樣求得的呢？單靠書本嗎？絕不是的。貴校名為"實驗小學"，我們從這個名字可以看出，求知識單靠書本是不行的。應當把實驗與讀書結合起來，才能求得知識。我今天就是拿"實驗的讀書"作為題目和大家討論。

　　有了知識怎樣運用呢？學校的生活是社會生活的一部份，是諸位將來在社會上做人做事和改造社會的準備時期。所以在學校裏讀書的時候，就應當從這三方面去實驗；在這實驗中，可以知道所求的知識是否正確，又可以從實驗中獲得更新的知識。要把自己鍛鍊成一個有能力而且能担起改造社會的責任的人，這樣的讀書才能算是實驗的讀書，這才是讀書的真目的。現在分三方面來說說吧。

　　一，做人與讀書。人和其他動物不同的地方，就是因為人能夠自己知道求做人的方法，其他動物是完全沒有這種智能的。譬如馬經過人的訓練能拉車，牛經過訓練能耕田，但馬和牛沒有人去駕駛是不會自己自動去拉車去耕田的。人就不同了。當先生在講台上教你們的功課，你們不僅可以聽可以講，也可以和先生討論；圖畫教員教你們畫畫，你學會了，只要自己努力，甚至可以比教員畫得好些。所以做人不是和牛馬一樣衹是順應環境、屈服環境，人是能夠自動的、積極的去認識環境、改造環境的。諸位在讀書的時候，就應當從認識環境和改造環境兩方面實驗起來，在社會上就可做一個明瞭時代和改造社會的人。從來有許多人總認為物理、化學的智識才可以實驗，做人的學問不能實驗，是完全錯誤的。

二，做事與讀書。有許多人以為讀書很多就是有學問，就能做事，其實這是不盡然的。所謂學問必須是能知能行，而且是正確的知、正確的行，才能算是真學問。能知不能行的人，是與蛀書蟲沒有什麼區別的，所以所行都是不正確的，那於人、於事、於社會都是沒有裨益。要想達到正確的知、正確的行，就應當把求得的知識在日常的生活中，實驗起來。譬如化學上講輕❶二氧一化合可以變成水，這個知識在實驗室中可以證明的。我們知道水是可用人工製造出來的，那麼做事的時候決不會做出什麼"張天師設壇求雨"和"喇嘛唸經求雨"的迷信的行為，而明白人願是可以用科學底方法來抵抗天災了。所以一個人讀書如果不能在做事上實驗起來，縱然能稱"學富五車"，但也只能博得一個"書生"的名氣，做起事來，還是一個糊塗蟲。

三，求進步與讀書。我們生存在社會中，做人做事是要常常遇着種種障礙和困難來阻止我們、摧殘我們。當我們遇着這些困難的時候，我們怎樣才能掃除各種困難達到做人做事成功的目的呢？我覺得一方面要有知識，多一分知識就多一分解決困難的能力。同時要有求進步的決心。只有人類這種決心，才能把歷史和社會推向前進。怎樣才是求進步的決心呢？第一，要有不怕失敗的精神。譬如初學騎腳踏車的時候，要想學會它一定有跌破皮、扯破衣的痛苦，才能把腳踏車學會。假若在未學之先，就害怕這些苦痛和失敗，那

❶ "輕"，今作"氫"。——編者註

一定是學不會的。孫中山先生革命事業的成功，是經過了十一次失敗和犧牲，才達到推翻君主專制的滿清的目的。總之，無論做人做事，若有了怕失敗、怕困難的觀念，一定是不會成功，也一定是沒有進步的。第二，要有創造的精神。中國人是很缺乏這種精神的，不但缺乏這種精神，而且常要壓制這種精神。諸位小朋友在家裏的時候，你的父母是不是常常不問你高興不高興或你的行動對不對，他總是不准你做這樣不准你做那樣。在社會上也可以看見禁止這樣、禁止那樣，所以十幾年來把中國弄得死氣沉沉沒有一點進步的現象，這都是由於一般青年沒有創造的精神。要知道宇宙間的現象和社會間的事理，是要我們隨時隨地去創造去發現，才能改造社會，社會才有進步。拿政治的主張來說，中國人總是人云亦云，人家說法西斯主義好，我們也跟着說好；人家實行共產主義，我們也要跟着去做。這種抄襲的方法是沒有用的。但我們對於這些東西也用不着驚訝奇怪，因一個主義和學說的發生是有它的社會背景的。無論法西斯的手段好壞，希特勒反抗《凡爾賽和約》壓迫的精神和莫索里尼振興意大利的精神，是值得我們欣佩值得我們模仿的。蘇聯的共產主義無論好壞，但是他們有計劃的、集團的生產使其國內建設的成功，人民生活的富裕，外交上的成功，這是誰也不能否認的。總之，我們應當取人的長處，不要學人的短處，要創造一個適合中國社會的方法，把中國民族的危亡挽救過來。我們要使中國進步，不能永久停滯在次殖民地的狀態中。諸位在讀書的時候，就要有不怕吃苦和創造的精神，養成求進步和改造社會的能力。

　　現在我的話已經說完了，總括的說一句，實驗的讀書就是把讀書與做人做事和求進步三件事結合起來，才是真正的讀書，才能求得真正的知識。

三、各科研究方法

怎樣自學社會科學

辰　夫

（一）信不信由你

無論你說“天不管，地不管”，實在你一刻鐘也不能不“管天管地”。這話一點不假，信不信由你。

“天”就是大自然，我們人類的住家是一個行星，是這大自然的一部份。我們這個骨肉做成的身體，也是大自然的一碎片。為了自己的存在，就得時時刻刻、繼續不斷的向自然吸收可供營養的物質。倘若有一天，這種物質的供給停止了，那就會沒有人類。我們既然都是人類的一份子，你就不能說不管它。譬如，近幾日來上海的氣候時涼時熱，你的身上也就不能不像在做戲一樣，一天到晚，脫了這件，穿上那件，你不能老背着一件藍布長衫。下雨，你出門就得穿雨衣，帶雨傘。打雷，你要用雙手掩耳朵。天旱，大水，你都得焦心。一週以來，全國差不多一半省份在鬧水患，哭聲不是震天地麼？這就是我們“靠天吃飯”的中國人，看了“自然”對我們供給的物質發生問題了，必然發出的慌張。這就足夠證明，人和自然的關係了。你那得不管呢？

不過，人類到底不完全是自然的奴隸，人是在一天天克服自然的。人力可以勝天，雖然覺得有些像說大話，但畢竟本是事實。而且，你得記住，你不能過於誇大自己，你不要以為我們能克服自然，自己就脫離了自然，不向它要東西吃了，變成了超空間的魔物；或者以為有一天，地球上會變成沒有陰晴風雨，及一切物理的、化學的、生理的、心理的等等自然現象了。

說一句老實話，你無論怎樣乖，你把自然改變得使你的祖宗看了吐出舌頭來，但你仍是在這位慈母（自然）的懷抱中，你永遠是被許多自然現象包圍住，並且它要影響你的生活。不同的是，你越乖，你認識自然越多，你利用它的地方也越多，它也更多給些東西你吃，使你的生活更愜意。這也就叫做人類文化的進步。

是的，"天不管"既然知道是假話，現在低着頭來看看地下罷！"地不管"，我懂得，這"地"不是指這塊死的土地而是指人間的事的意思。人間的事，就是指人與人的事，這裏包括個人與個人、一個社會層與一個社會層、一個民族與其他一個民族，這裏的關係多複雜啊！你真的可以"地不管"麼？

這更是說天大的謊。

你總要活。要活，就得與許多人打夥。你單獨一個人要想在這世界裏混，不僅現在不能夠，就是我們的祖先剛剛同猴表兄分家時，也就沒有過。地球上自有人類以來，一向就是成羣成團的混；在一羣一團中，不管你野蠻與文明，人與人總得結着一個結子。這結子，用一個學術的名詞，就叫做經濟關係。這是一切人類的悲喜劇的基礎。因此，人與人彼此相互影響，管了自己也得管管別人。

譬如我們，把眼睛睜得大大的，我們是今日世界的一個小細胞，世界是我們的大家庭。但是我們同時又是在這大家庭中，一個小房分叫做中國的小子弟。在這小房分中，我們又被社會層圈入某一圈子內。在這圈子裏，又有什麼叫做職業和小家庭等等圈子。一個小一個，圈住自己。連環起來你才有生活，脫了連環你不要想活。你是生存在這連環中。

你說："我沒多大野心，我只看見我的頭上套上的這一個小圈子。我從不好管閑事。每天，天一亮，打開眼睛，起床，吃早點上公司，站櫃台，做買賣，一直忙到夜晚幾點打烊，回家，洗臉，喝茶，睡覺。天天是這一套，那能還有時間同別人發生關係，管人家鳥事。我還不是'地不管'嗎?"

沒有! 我說你每天仍然同無數的人發生了關係，時時刻刻在"管人家的鳥事"。

你不要把眼睛睜得這樣大，讓我還出理由來。

是的，先從你那一個小圈子談起。你這小圈是一家洋人開的百貨商店。這公司組織非常嚴密，買賣的部門交關多。你被派定的貨櫃是買西裝配件、領帶袖扣之類的。這裏的人的組織也好比一個軍隊。你們是店員，在你們以下的有練習生、站門巡捕、茶房，以上的有高級的主任、華洋經理，還有沒有到過中國來過的白色大老闆。你在這小世界裏，即就人的構成部份說，這就是一伙，這中間就有一種雇傭關係，因為華洋老闆不同，也略帶一點民族的味兒。你在這小圈子內，即令你整天不開口，自問不管閑事，但經理佈告出裁人、減薪、延長工作時間，並且裁人名單內就有着你，你總不能不關心；反過來，你的同事們要求加薪、減少工作時間，反對白色生人的侮辱時，你總不能站着隔岸觀火，你能不入漩渦麼?

　　這還祇就小圈子說，其他一個大一個的大圈子內的事，還會像水波一樣一圈一圈打到你身上來。譬如拿你的公司生意不好說，自然使你們工錢減低，很多同事失業，但公司的生意不好，是受上海金融恐慌和生意清淡的影響；上海的金融恐慌和生意清淡，一方面是中國農村破產，人民失了購買力，但一方面是由於帝國主義的商品傾銷，軍事的、政治的侵略的結果。這一結果的造成，又得歸結到資本世界的沒落中，世界經濟恐慌，帝國主義對殖民地的進攻，帝國主義間的鬥爭，尤其直接影響的是美國收買白銀等。這些波浪，從遠遠的一直打到你的面前，最後它可以把你手中的那一個盛不滿飯的飯碗，"嘩啦"一聲打碎。你說你不管它，這怎能令人相信。

　　自然，我知道你心中對自己的生存是非常關心的。至於影響到自己的生存的這複雜的關係，你未必都能看到，是老實話。

　　"不得活了！"這是今日的世界普遍的呼聲。尤其我們這類中國人的命運是如此。恐慌、焦急、惱怒、發癲、神經病、自殺是天天在報紙上可以看見的。你坐在公司裏，半天看不見一個主顧上門，你也不能不想到公司以外去，走出公司；你回到家裏，你總有些親戚朋友來往，他們總會供給你許多悲慘的新聞給你聽，使你夜裏睡不着覺。

　　展在你的眼前的奇怪的事就會像影片一樣，一幕一幕在開展。即令你是一個多麼簡單的人，你也不自覺的變得在憂國憂家了。

　　你以為我是在說閑話麼？請你先問問你自已，你真的是無憂無慮，閉着尊眼在過幸福的日子麼？

　　我知道，你一定會說："不！在內心何嘗能平靜呢！這個世界是太複雜，把我們的頭都弄得昏昏顛顛了，好像一個鄉下人到了先施公司，不知道看什麼好。因此，我們這些天天過呆板的生活的生意人，又有怎樣辦法呢?"

這句答話，我親自從許多人的口裏聽到。他們因為生活忙，只與很少的人有接觸，就誤認為自己與別人沒有什麼聯繫。他們不知道，這聯繫是建立在一個經濟的網上，你雖然可以不知不覺，但你却絕對不能離此而獨立生存。

這複雜的萬花鏡是什麼呢? 是社會現象。人與人所造成的社會現象，比起自然來，不知要繁雜多少倍。它包圍着每一個個人，它的影響我們的生活，決定我們的生存更比自然現象要來得嚴重。

信不信由你，管不管却不由你。

不過，請你不要發愁。不要以為你腦子內裝不了這些雜貨，不要因為世界的繁複，就索性閉住雙眼，裝做不聞不問。我告訴你，自然現象雖然複雜，但並不是雜亂無序的。人類在悠久的生存抗爭中，在找食物充飢時已從物理的、化學的、生理的、心理的諸多方面，漸漸的找了它一套自然界的 "法律"。我們曉得原來自然間一切複雜的現象不過是某些自然法則的運動的形態，或交互的形態罷了，並沒有什麼神奇。同樣，在人與人間的關係上，所發生的社會現象，也不是無秩序的。這裏，困難的是不能在實驗室中去試驗，所以在這一方面一向就顯得有些神祕。但幸喜人也是自然界的一部份，人的本身也是物質，人與人間的關係也不能不通過物質的媒介，所以順着這種最基礎的經濟關係去發掘其他的關係，也就可以獲得一套社會的 "法律"，對於許多認為神祕的現象，也就覺得平凡，不過是某些社會法則運動的形態，或交互的形態罷了。

那些埋頭在實驗室，把自然現象作為對象去研究自然界物質的相互關係或動作，尋出它的運動的法則，這就叫做自然科學；研究這門祕密的人就叫做自然科學家，這些人是真正能懂得 "天" 的人。

　　把社會現象作為研究的對象，去研究社會裏人與人中間的相互關係及動作，尋出它的運動的法則，這就叫做社會科學；研究這種祕密的人就叫做社會科學家，這些人是真正能懂得“地”的人。

　　人類對自然頑皮，就是拿了這兩種工具做武器。但是要改造“天”，支配“天”，却非先改造“地”不可，因為“天”的改造在目前“地”的狀態下，是受着絕大的限制的。至于說到我們這些小我呢？

　　我們小我當前要求的是生存，但是要個體的生存，就得同時或先求得更大的一個生存圈，卽中國民族的生存不可。但要求中國民族的生存圈却不能不認識世界更大的生存圈。

　　如何來認識這無限交互的關係呢？如何去爭得大小的生存呢？這不僅要有勇氣去奮鬥，而必要有指引奮鬥的理論。

　　這就是社會科學知識。是的，在今日這一門知識已不是專家的知識了。他應是每一生存的奮鬥者的必具的常識。現在就從常識的見地，對于千千萬萬奮鬥者來談一談如何獲得這一戰術吧！這就算是一個開始。

（二）　拾荒第一

　　——社會科學的範圍

　　這一個社會的萬花鏡真是千奇百怪的。從這萬花鏡裏所看到的所謂“社會現象”的那東西，更會使你沒有比喻來形容它的複雜。我們說，世界上有一種叫做社會科學家的人，竟把這些連比喻都比不清的又不能拿到實驗室裏去試驗的東西，竟拿來研究，看出了一個什麼社會科學系統來。那到底是什麼一回事呢？

　　是的，如果我們祇把眼睛局限在個人生活這一小圈子內，那真

好比"坐井觀天"。一個老農，他能體驗的社會就會祇是"竹籬茅
舍"周圍數十里那一小塊天地；他所碰到的人物，就會是那"七長
八短"的那幾個；他同別人發生的關係，就會祇是換工、買賣借貸、
婚嫁等簡單純朴的幾件事。不要說，過去人類生活他們不能體驗到，
就是同時代與他們個人的生活沒有密切關係的，也就不能親自體會
或充分體會到。個人生活越發簡單的人他的認識的範圍也越小，他
所看到的世界也更簡單，所以一個人的認識，如果祇憑他的經驗那
是不足的。過於把"經驗"誇大，就說經驗是認識的唯一泉源的人，
結果必然陷入非常的謬誤。

　　因此，我們常常看見，從個人經驗中產生的常識，並不見得一
定合於眞理。

　　一個人要擴大自己的認識並不是要每事都自己親自去經歷一遍，
而是接受前人的經驗和同時代與自己生活部門沒有密切關聯的別人
的生活經驗。地球上自有人類以來約莫有二十萬年，有史以來，也
已經有六七千年，人類在過去的悠久的年辰里，已經替我們積下了
豐富的經驗。我們越與這些經驗發生接觸，才知道，自己過去認為
眞理的經驗，實在有限得很，自己的世界，確比坐井觀天。

　　歷史的演進增加了人類的經驗，同時擴大了認識的界限，擴大
了世界。

　　世界大了，所呈現的社會現象自然也是"萬花撩亂"，但我們並
不被它的複雜性，弄得自己發昏。

　　我們現在已不能憑自己一點薄弱的經驗來解釋每一社會現象了。

　　因為人類蓄積下來的經驗，並不是像目前我們的法院對於案子
一樣，一號號的列為檔案，堆集在一間陰暗的檔案室裏；人類的經
驗，是保存在人類活的生活鬥爭中，在生之掙扎中，人類一天天把

謬誤的部份洗刷、淘汰、丟棄，把眞實的部份一天天發展、光大。

所以我們對於每一社會現象的解釋，現在既不僅憑個人狹隘的經驗，也不從歷史的倉庫裏去查那些死的檔案；對於萬花撩亂的社會現象，並不看做是無秩序的、彼此不相關聯的。

反之，我們從偉大的生之掙扎裏，把一切過去的經驗綜合起來，成為一束認識的巨火、開路的嚮導。

社會科學就是從這生之鬥爭中實踐地要求才發生成長出來的，並不是出了一個什麼聖靈、怪物，由他一手創造成功的傑作。

社會科學家就把那萬花撩亂的社會現象，自然的按着社會生活天然的邏輯，把它分類；把那不能用比喻形容其複雜性的東西，弄得一目了然，無啥神奇。

把生產、分配這些屬於社會經濟現象的東西，歸到一類去，經過了很長的期間；無數人的腦力，好容易把這一團糟的現象整理出了一個系統，找出了它的合法則性，弄清楚它的發生、成長、滅亡的發展的法則。這些東西越研究越豐富，慢慢的這一方面的研究就成立了政治經濟學。

把那本來是管理生產分配、管理人對於被管理人的行為、被管理人的對於管理人的"回敬"的一些悲喜劇及戲劇的結構為骨子，而外表現出的是什麼"天下大事""神乎其神"的偉業，現在叫做政治的一切現象，又經過另一部份人的整理，也發覺一套這一方面的發生、成長、滅亡及進到另一前途的發展的法則，就成立了政治學。

把屬於過去人類生活各方面的經過的史實的一切歷史現象，歸併成一個研究部門，成立了歷史學。

把屬於人類社會國家機構中那法律關係這些現象，歸併成一個研究部門，成立了法律學。

把屬於人類社會的一般的組織現象，歸併成一個研究部門，成立了社會學。

把屬於人類社會的思維方法、認識方法的一切現象，歸併成一個研究部門，成立了哲學和邏輯。

把屬於人類社會的行為標準的一切現象，歸併為一個研究部門，成立了倫理學。

把屬於人類社會中發生的問題、改造的意見或方案，和行動等等方面的現象，歸併成幾個研究部門，成立了社會問題、社會政策、社會主義等。

以外，歸併成立的研究系統的門類還多得很，社會科學的門類開列出來可以成一大單，但我却要在這裏帶住，因為主要的幾個系統已經指出了。對於我們這些普通人，作為常識的看法，已儘夠了。

但是，這些部門中，又被人分為無數的小部門，却不可不再提幾句。譬如政治經濟學中，研究一般原理原則的有經濟原論；研究各種特殊經濟現象的有經濟各論；研究經濟思想史實的有經濟思想史；研究各國經濟發展史實的有各國經濟發展史。以外，就是在這一部門中還可細分為無數的研究單位，其他門類自然也是一樣。這樣一來，不怕什麼社會現象的繁雜，我們不愁沒有法子處理它、解釋它。

是的，我們今日對於一切社會現象真可說一句大話，“不愁沒有法子”解釋。這法子就是由以上的分門別類而綜合構成的社會科學。

這裏我知道，也會有人出來埋怨，說：“法子雖然是有，可是這‘法子’也太繁雜了，光祇說一點常識的分門別類，已把我們的腦子弄昏了。我們那有時間精力在認識社會的‘法子’方面去費這大力氣呢！"

不錯，但不要忙。

社會科學研究的部門雖然很繁，乍看起來，眞是成了一個學問的海，像非專門家是不容易問津的；我們這些在百忙中"拾荒"的人，不免要像叫化子到了果食店，不過白流一頓口水罷了。

然而，也並不如此，這疑問也馬上可以打破的。社會科學構成的全體，雖然龐大可觀，我們今日的生活條件雖然還不夠使我們有高深的研究，但不是說我們只能流口水。

社會科學內容的豐富，是因為社會內容的豐富、社會現象的繁雜，分門別類的多，正是因為要使研究的便利，使一般人都容易問津。

分門別類雖然表示着某一部門變為獨立的科學了，但不是說它與同一科學內其他部門就沒有聯繁了。恰恰相反，它的獨立只是相對的。我們對於這許多部門雖然不見得能夠門門深造，却不可不涉獵它的全體，知道一個全貌。

我們在研究方面，對於某些社會法則雖然應該專門看重某一部門，但是對於了解整個社會，或某一社會現象，却不能只應用一部門的知識，因此，就不能不具有多方面的知識。

常常是甲一部門的研究，是成為乙一部門的研究的條件。因為這些部門是按着社會發展的天然的邏輯自然地發生的，因此，由這研究的細分造成的研究網，也是合於這一邏輯的；它的經緯，也是十分明白。

因為人類社會既然是由勞動的結合，那末社會內人與人間的關係，最基本的自然是經濟的關係。研究這種經濟關係的政治經濟學，在社會科學部門中，自然就成了最根本的部門了。

這是一個首先要把握住的環子。

其他如政治、法律、道德、宗教、風俗、藝術、哲學、科學，通常稱它們是"上部構造"，因為它們總是反映某種經濟關係產物；什麼樣的社會的社會經濟基礎，這上面的"構造"，照例它有一套與之相適應的建築物。因此，在研究各部門中，我們敢說，正確的把握住經濟方面的知識，是研究一切的前提。

這裏就是流俗的學者與科學的研究家的分水界。

自然這不能解作研究經濟學就可不注意其他的部門，更不是說經濟學在各部門中比什麼都貴重，其餘就不值什麼。完全相反，就是要澈底研究經濟這一部門，也非得同時對其他部門有些研究不可！尤其對政治、法律、邏輯等有相當知識不可，不然你也依然不能了解什麼。

這些部門的關係以及研究的聯繫就是如此的。

那末，我們這些知識上"拾荒"的孩子，知道了上面簡單描畫出的社會科學的發生，以及它的範圍的輪廓是雖然很重要，但是，不能說，就有社會科學的概念了。更不能說，有了這一點旅行指南，就可以知道方向或照走不錯了。

完全不是那麼一回事。王麻子的剪刀店，到處都有冒牌。社會科學也有不同的牌子的。知道了它的研究範圍以後，還得進一步，認明什麼商標為記的牌子，才可以買到真貨。

（三）拾荒第二

——我們所要學的社會科學。

要辨別王麻子的剪刀的真偽，都要有三分眼力；不假，要揭破社會科學的冒牌，那總要比看剪刀的鐵色為難。我們看了一個光頭，總容易聯想到他也會唸經。所以以上我們雖然摸到它一點範圍了，但那還不夠，我們不能在海一般寬大的系統內翻筋斗。

社會科學的牌子的識別法，要記清下面這一個"門檻"。我們要知道社會科學雖然是人類運用他們的思維去研究社會現象的學問，然而，和其他一切學問一樣，前面已經說過社會科學並不是人類憑空創造出來的，而祇是社會存在的反映，加添了一點理論的整理，它要受社會的存在限制，為社會的存在所規定。這一點，首先交代後，就可以想到社會現象雖被千萬人所研究，社會科學牌子的雜，並不像人的面孔一樣，各人有一張的。

人這東西雖然會造假貨，但在思維方面却不容易裝假。你是與某些人同過的某種社會生活，你的思維方面就不知不覺的蓋上了某一個生活圈子的印子，你對於人世看法自然與自己的生活成一致。你是另一種生活圈子內的人，你自然會接受另一種思想、另一套對世界的看法。"婢學夫人"是有點露馬腳的。

人類社會這東西自有史以來六七千年，社會生活就有了分裂。一部份人不大勞動，坐享別人勞作的結果；一部份人，終生勞動，將自己的勞作的結果呈獻別人去享用。這種現象，真是"自古已然，於今為烈"。古代有奴隸和自由民，中世有農奴和領主、職工和東家，現代有所謂有產者、無產者之分；這些不同的社會生活羣體，他們被生活的利害造成了他們生活的成見，永遠雙方紅着眼睛相見，各有各的看法，永遠不會調和和相讓的。

社會現象本來就是由這些生活不同的角色扮出來的紅臉對白臉的戲目。但同以社會現象為研究對象的社會科學，却因人們站的方向不同，所以對於每一現象的解釋也就各有各的說法。然而真理却只有一個，在各種抬槓中，必有一個是虛假。

　　眞的方面，應該是忠實的做到發現社會現象的本質，發現社會現象的因果法則，發現它的發生、成長與滅亡不斷運動的法則，發現眞理。

　　假的方面必然與這相反，它一定裝腔作調的，辯護現狀的利益，掩蓋醜惡，以研究現象表面為滿足，不願迫求本質，更不敢去發現因果法則；他注意的是靜止，是隱藏眞實。

　　這兩方面的人，實在生活上本來是針鋒相對的，因此在理論方面，在社會科學的領域內，就造出不同的兩套。

　　一套是維持現狀，鞏固他們優越的社會地位，它帶着宗教的經典的性質；一套則為打破現狀、認識眞理、解放自己，帶着戰術的性質。

　　因此，同一社會科學名義下，有兩種不同內容的東西出現。

　　拿幾個例子來說罷。譬如在書坊的架子上，我們看到許多經濟學原論的書陳列着。打開一本來看，它裏面是用了什麼消費、生產、交換等篇章去說明現社會的經濟現象。另一本，則目錄變為商品貨幣、資本生產進程、資本流通進程、資本的總進程，這樣去說明現社會的經濟現象。這兩本書，就是站在兩種不同的立場寫的。一種是分析表面，誇大現象，歪曲現實；一種是在分析現象，發現現象的本質，尋求資本主義經濟的動律。我們到四馬路各書店去，就可以看見李權時的《經濟學原論》與拉比士多《政治經濟學大綱》擺在一個玻璃櫃內。

　　社會學、政治學，所有一切社會科學都會有兩種，有內容完全不同的兩種。

　　不過，在目前的社會內，一切東西都給與有財產的人所獨占了。在中國又幾乎一切東西都給帝國主義者所獨佔了。所以在市面上社會科學書籍這東西，實在劣貨多過眞貨。不像王麻子被人冒牌，王麻子到底是第一家，知道的人多，貨色本來就走遍天下的。新的社會科學，是後來居上，眞像一顆珠子落到萬顆魚目內。

是的，眞僞標準的來源，我雖能還它一個三淸四白了，但是今日的劣貨也常會冒別人的商標的，冒得挺像的。在哲學方面不是現在有些文化奸商正拿什麼物質論、什麼高而新的方法做幌子在那裏招搖惑衆嗎？

我們有了標準，自然就增強了我們的鑑別力。但是我們應如何去鍛鍊鑑別力呢？

第一，我們看一本社會科學書，無論是概論、原論，或某一門類，我們讀一篇文章，無論是社論、短評、專論、演說，或者我們聽一個人說話，我們先要看它的內容是否有鐵一般的事實做根據；如果它不顧事實，雖然他無心作僞也必落得作僞無疑。根據事實，如果不能用正確的科學方法，那也還不能得着正確的結論，所以鐵的事實必與動的邏輯結合，才能發揮認識的眞的力量，才能正確的解答各種問題。我們曉得，在理論上作僞的人第一就是不顧事實，不敢看事實；其次就是怕看實踐的發展，不敢用動的邏輯。譬如現在各野心國家的愛國主義者，他要這一套愛國的理論，無論他說得如何高明，總經不起國內事實的打擊。意大利的侵阿是振振有辭了，但那只能騙騙受了黑衣黨麻醉的少數落後份子；愛國主義還是不能不與屠刀相結合，就因為它完全是謊言了。

第二，就是看一本書或文章或聽一個人說話，我們要看它的內容是否能夠毫不隱諱的暴露現實。暴露現實，把一切醜惡眞相揭穿出來，對於有意欺瞞人的人是辦不到的。因為自己或羣體是造成現實的主要角色，揭穿眞相，同時就是坍自己的坍台。一個虧空了的商店，他要倒人家的賬時，總是隱藏真相，說自己尚有法子可以支持，決不肯說：“我不能維持了！”但是拿這個去檢查人們的言論，去鑑別書籍的真偽，那倒是再好沒有的法子了。富有改造現實精神的人，則不然。他要改造現實，就首先要知道現實，敢於面見現實，所以他怕的是知道得不清，還有什麼沒有發現。他不怕見太陽，一切都要在陽光之下進行。

第三，就是看一本書或文章或聽一個人說話，我們要看它的內容的立場是否是為社會發展的利益而說話，是否為大多數人的利益而說話。一本書，一篇演說，一篇議論，如果他只看見自己，看不見自己以外還有社會，還有無數的人，而祇為自己的利益說話，即令他的話說得天化亂墜，那有什麼價值？那些話都是假話、謊話、騙人的話。富有改造現實精神的人，他看見的是發展，是多數人的力量，個人的利益是包含在大眾全體以內。所以他所說的話是代表大多數人的利益，不僅是只為了自己個人或羣體的少數。這一點也瞞不過別人的呀！

總而言之，統而言之，王麻子剪刀總還是王麻子的剪刀。冒着王麻子之名而混進市場中的一切劣貨，雖能欺得一些沒有經驗的顧客，但欺騙的買賣是做不長久的。何況是學問呢？

在作為顧客走進市場前，我們希望每一個人是有一點市場上的常識。

一切理論上的歪曲，均逃不過以上三個試金石。這簡明易懂，並且易於應用，是常識一樣的平凡，但同時它也是真理。

根據這個標準我們去選擇我們所要自學的社會科學罷！

怎樣研究自然科學

艾思奇

（一）診　斷

　　世界上沒有眞正的萬應靈藥。如果有誰希望單用一種藥來醫治百病，那結果將一病也不能治。一藥不但不能治百病，就是治一病，也得要懂得"對症下藥"的妙訣，斟酌病人的體質，衡量病勢的輕重，然後來定用藥的成份。現在講自然科學的研究方法，也正和開一張藥方一樣，這張藥方的應用，是有一定的限制的。同是屬於肺科的病，有肺炎、肋膜炎、肺結核等等的不同，而用藥也大大差異。同是屬於自然科學的研究，因研究人的目的不同，而方法上也就有分別。想從自然科學的研究中得到一種專門技術的人，和想求得高深的自然科學理論的人，其研究方法就不能一致；想求高深理論的人和初學自然科學的人，又不能用同一的方法。我們現在不是替專門技術家開藥方，因為這有工業專門學校負責；也不是開給研究高深理論的學者，因為高深的理論是要專門的學術家才能勝任的。我們臨床的病人是中國的一般如飢如渴的初學者，在自然的知識方面，他們患着虛弱貧血的症候，他們所急需的是基本的滋補品，不是專門的技術，也不是高深的理論；但籠統的說虛弱貧血，自然還不夠，我們還得要指出這症候是那幾點，或需要醫治的是那些地方。

　　第一個症候，是患者對於自然界的現象認識得太不夠。所謂不夠，是需要解釋一下的。有些人以為對於自然要認識得夠，必須要懂得各方面的專門的自然科學理論。這個"夠"的標準，就未免太定得高了。如果一定要固持着這個標準，初學者恐怕永遠也達不到，就是專門學者，也不見得就一定可以達到。我們所謂的夠，是要對於自然的變化發展有一個系統的知識；我們不需要百科全書一般雖然包羅萬象，然而是雜亂無章地排列着的知識，也不必要那種精深專門然而偏於一小部分的研究，我們需要知道的是自然現象各方面的聯繫及自然界進化的過程。怎樣從簡單的自然現象進化到複雜的現象，由無生物進化到有生物，以至於更進到人類社會又是一些什麼情形？這是我們所要了解的最主要的問題！我們的初學者，多半是失學的人，有的對於自然科學全然沒有接觸過，有的雖然接觸過，卻只知道一些片段不全的知識，像那種有系統的了解是做不到的。這就是所謂認識不夠的症候之一，需要在現在開方療治的。

第二個症候，是不能應用自然科學的知識來解決實際生活中的疑問。這和第一個症候是互相關聯的，要能夠應用，自然先要認識得夠；認識不夠，當然不能應用自如了。我們當前的生活問題，根本的說來，本來是一個社會問題；解決社會問題的關鍵，根本還是要賴社會科學。但社會中還有許多事件，必須有自然科學知識的幫助，才能夠解決的。例如種種的迷信和種種的傳統思想，因為我們沒有正確的自然科學知識，其麻醉的力量就無法根絕。最近我們還接到許多讀者來問狐仙鬼怪是否存在的疑問，去年的什麼科學靈乩、科學神算等也曾迷惑過很多的人；一切神怪的迷信，常常被社會上一般代表惡勢力的人用作工具，用來壓迫我們困苦的人民。他們為要達到壓迫的目的，是故意要用這些東西來濛混我們的認識的。在這種情形之下，我們研究自然科學，也正是為要得到一種能夠和惡勢力作戰的工具。他們佈的是鬼神的迷魂陣，我們要用科學的光明來衝破它。總之，我們研究自然科學，不僅僅要把自然現象認識清楚，並且要能夠應用所認識到的，來解決實際所遇見的問題。許多對於自然科學已有相當研究的朋友，雖然對於自然現象多少已經了解了，然而對於當前所遇見的事情，仍不能保持自己的主見，這是認識不正確的緣故，也正是症候之一。

以上的兩個症候，已經說過本來是專指我們的初學者而言的。但是，就好像肺炎和肋膜炎常常和結核有關係一樣，學專門技術和專門理論的人也未嘗沒有同樣的需要。專門家因為所研究的太偏於一方，每每得不到有系統的認識，也每每除了自己所研究的一部分外，就不能夠有合理的認識。這和上面所舉的兩點症候是一致的。所以，這裏的研究方法，雖然是為初學者開擬的藥方，然而滋補的效力，卻不一定完全要限於初學者，別種的虛弱症也仍然有效，不過對於初學者比較多"對症"一點罷了。

（二）處　方

我們的處方第一不能不顧到初學的朋友們的生活情形，他們生活困難，讀書的時間很少。在這很少的讀書時間裏，又不能全部拿來研究自然科學，還要讀社會科學方面的書，所以開出來的藥方，不能不極力從經濟上、從節省時間上着眼。處弱病者的胃口是不良的，怎樣用最少最精的滋補品獲得最大的效力，是我們的一個頂大的問題。現在先把我們需要調理的地方是那幾點，和調理的步驟開列如下。

第一點是自然科學各科的知識，應該大略地都懂得一點。這是初學者第一步的必要步驟，但這當然也並不全限於初學，就是一個做專門研究的人，也不能不在他所專門研究的一科以外，再具備各

科的普通知識。但能夠作專門研究的人，他們有很多時間可以從容
的由各科的教科書上去研習，我們的初學者却沒有這麼悠閒！他們
不能夠把磚樣厚的各科教科書拿來按步就班的讀。他們需要的只是
包羅各科的常識書，像科學大綱、少年自然科學叢書，這一類淺顯
而又包羅全備的出版物，才適合於他們的需要；也只有從這些出版
物中去吸收基礎知識，才合乎經濟便利的原則。

　　第二點是要對於第一點所得到的知識加以整理。這是第二步的
必要步驟。科學大綱之類的書籍並不是很有系統編成的（當然也不
能說全無系統），但我們不需要零碎的知識。前面已經說過，對於自
然要認識得夠，必須要知道自然界的發展過程。所謂整理，就是要
把自然界的一貫的發展過程弄清楚。如宇宙怎樣由星雲凝結成地球，
接着地球上又發生生物，生物又由低等進化到高等，最後進化到人
類，成為人類的社會。要了解這一連串的過程，單讀前面的兩種書
是不夠的，必須再有補助的讀物，如《宇宙生物及人類之進化》
《天演論》或《進化淺說》《馬克思主義的人種由來說》等。

　　第三點，就要了解人類社會和自然科學的關係，人類社會的舊
迷信傳統和舊勢力怎樣衝突？這就是第三步要研究的事件。這一步
要想很省力地達到目的，是比較困難的。因為找不到比較完滿的著
作，我們只能費力一點，由兩方面來研究。一方面讀一點自然科學
史，一方面從社會科學中找一部分比較有關係的書來研究。第一方
面，可以讀《西洋科學史》，第二方面如《社會意識學大綱》裏關
係科學的部分可以作參考；《歷史唯物論入門》一書，對於這方面的
了解很有幫助，也可以拿來一讀。此外如伊林著的《十萬個為什麼》
和《幾點鐘》，不但把科學知識和日常生活結合起來，並且有時也說
到自然科學發明與社會的關係，可以做補助的讀物。還有《自然科

學新論》一書，第一二章的部分也是論到這一個問題的，這尤其值
得參考。

第四點就可以對整個自然科學的理論作比較深切一些的研究。
我們這張藥方到這裏可以算做最後的一步了。書籍方面可以讀一些
與哲學有關係的著作。前而說的《自然科學新論》和《自然辯證
法》，都是我們要讀的書。此外還有一本《現代哲學概論》，雖然是
專門的哲學書，也可以供參考之用。

已經說過，我們這藥方是專門開給初學者用的，但希望做專門
技術研究或理論研究的人，不要因此就以為不值自己一讀。其實這
是一個比較普遍的補劑，專門家的特殊的症候雖然不能滿足，但單
就根本的調補意義來說，是無論初學與專門者都值得攝取的。

（三）藥　性

我們在上面所選定的幾本書籍，就等於醫藥處方上的幾劑藥品，
每劑藥品的性質與別一劑都不相同，有好處也有壞處，能治一經也
同時會傷一經，所以我們不能不辨別一下，看清楚那有毒的地方小
心應用，免得無意中受它的大害。現在先把它們一劑劑地開列如下。

（1）《科學大綱》，商務。

（2）《少年自然科學叢書》，商務。

（3）《宇宙生物及人類之進化》，開明。

（4）《天演論》，商務。

（5）《進化淺說》，商務。

（6）《馬克思主義的人種由來說》，春潮。

（7）《西洋科學史》，商務。

（8）《社會意識學大綱》，大江。

（9）《歷史唯物論入門》，新生命。

（10）《十萬個為什麼》，開明。

（11）《幾點鐘》，開明。

（12）《自然科學新論》，辛墾。

（13）《自然辯證法》，神州。

（14）《現代哲學概論》，駱駝。

先說《科學大綱》。這部書在中國的自然科學著作中，可以算是比較完備而通俗的了，可惜還有一個缺點和一個害處。一個缺點是，不用白話寫而用文言，這把通俗的效果減少了；至於它的害處，是著者也和大多數美國哲學家一樣，抱着實用主義的態度，這種態度的毛病就是不問事實的眞假，只要有實用的效果便承認下來。所以這著作的選擇內容便失去了嚴格的科學態度。例如靈魂學一科，本是荒誕無稽的，著者也把它加進科學大綱裏去了。如果讀者不明白這一點，就要受它的毒害。總之，在這部書裏，靈魂學和靈乩學的部分可以全部去開不讀。如果讀者嫌這樣麻煩，那麼改讀《少年自然科學叢書》好了，因為這一部書用白話寫，讀起來比較省力一點。

其次，關於《天演論》。這也是一部比較通俗的著作，然而也是因為譯者用拮屈贅牙的老古文譯出來，讀起來未免困難，所以不妨用《進化淺說》來代替。

此外的一些都不必多說，但《自然辯證法》和《自然科學新論》二書，也得提幾句。《自然辯證法》是四十年前的著作，《自然科學新論》則出版比較新近，後者大部分是根據前者著作的。前者比較沒有系統，而且都是四十年前的舊材料，所以單讀後者也就行了。不過後者有一點遺漏的地方，就是在前者所舉出的辯證法三大定律中，後者只採取了“矛盾統一律”和“質量互變定律”，而將

"否定之否定律"忽略了，這是它的一個缺點。如果有工夫的話，應用前者來參考的。

　　這十四劑藥品中有《科學大綱》《天演論》《自然辯證法》可以省去，結果必需的藥品是十一劑。要全部修了，大致七個月至十個月的功夫就行，這要算是最低限度、最經濟的程序了。

怎樣研究政治經濟學

張仲實

要研究政治經濟學，我覺得先要打破兩種偏見，對於這門科學須有個明瞭而正確的認識。

那兩種偏見是什麼呢？第一種偏見，以為政治經濟學太枯燥，常常在玩弄些統計數字，讀起來就要頭痛打盹，沒有看小說那末有興味。這是很不對的。記得有個大學者曾有一句名言說："現在的世界是數字的世界。"意思是說，在今日，統計材料，有非常重要的意義。我們看到，資本主義先進的國家，都有很完善的統計機關，每週、每月、每季，以至全年，全國生產若干、出入口若干，物價是漲是跌、金融狀況如何等等，都有完善的統計，令人一目了然。事實上，一個統計表往往比一篇長文清楚而明瞭，而且統計數字可給人一個具體而明確的觀念。譬如我們常說美國很富，中國很貧，然而美國究竟富到什麼程度，中國究竟貧到怎樣程度，却很模糊。我們把美国駐華商務參贊安立德氏所製的中美經濟狀況比較表一看，便可知道。就一些頂重要的經濟部門言，中國的鐵道，只及美国的百分之二、七；中國的煤炭產額，只及美國的百分之四、一；中國每口人鋼鐵的消費，只及美國的百分之〇、六；中國電廠的發電力，只及美國的百分之一、八；中國的對外貿易，只及美國的百分之一二、一；中國全國所有的汽車只及美國的百分之〇、一而已。其他各項事業，中国更小得可憐。這時，我們腦中對於中美的貧富，是多末具體而清楚的了。所以，一個完善的統計表，有時是很有興味的。

第二種偏見，以為政治經濟學沒有哲學那樣重要，彷彿哲學是學問，政治經濟學不是學問似的；常常有人以研究哲學為榮耀，言下有鄙視研究經濟學之意。現在我國社會上的一般心理，也是如此：一個哲學家，很受人推崇；而一個經濟學家，則湮沒無聞。這也是很不對的。哲學固然重要，但它只給我們宇宙觀，只給我們以認識世界的方法論，社會上有許多的問題，它却不能解释。譬如拿目前的一個事實——白銀問題來說：記得在一九二九——三〇年銀價暴跌的时候，一般却以為於我國有害，紛紛討論，羣謀補救之法；現在銀價上漲，豈不是剛合於初意了嗎？為什麼社會上却人心惶惶，都主張反對美国提高銀價政策呢？銀價跌落固然於我國有害，為什麼銀價上漲於我國也不利呢？要弄清楚這些問題，哲學無能為力，除非藉助於政治經濟學不可了。同時，我們知道，經濟結構是社會的下層基礎，凡政治、宗教、法律、藝術等體系都是建築在這個下層基礎上面的。經濟下層基礎一變動，全部龐大的上層築物也隨之而或急或慢地崩潰了。這一公理，現在誰也不否認的。所以，要明瞭社會的上層建築物，須先洞悉它的下層基礎；要洞悉它的下層基礎，只有去研究政治經濟學。因此可說，政治經濟學是社會科學中一門最基本的學問。再舉一個例子說，譬如不懂世界大戰後資本主義發展的特徵，便不能了解目前國際形勢的趨勢和資本主養國家內部社會的不安。總之，惟有政治經濟學才能給我們說明現代社會的一切敵對和榨取方式，才能探討它們的演進，才能證明它們的過渡性及它們轉變為他種方式的必然性。這哲學是更不能勝任的啊！

其次，在研究政治經濟學時，我以為首先應當弄清楚關於經濟學對象的問題，換一句話說，要弄清楚究竟什麼是政治經濟學呢？

我們知道，古典派（代表者為亞丹·斯密、李嘉圖等）給政治經濟學所下的定義是研究財富的科學；現今大多數資產階級的經濟學家則認為政治經濟學的對象是經濟。但是誰都曉得，所謂財富這一概念是很空洞的，是非科學的。它在各時代的內容，各各不同。譬如在自然經濟社會裏，所謂財富者，係指所保藏的能滿足人們消費的一切物品而言；凡穀倉、牲畜、工具及其他個人或社會使用的資源，都叫做財富。但在交換社會裏，"財富"概念又帶着寶物的性質，凡是有商品、有金錢的人都稱為富者。這時你雖然沒有一座房屋，沒有一匹馬，也沒有存下糧食，更沒有其他消費品保存下來，但是你只要有錢在銀行裏，也一樣是個富翁，而且是個最富的。

"經濟"一詞，也籠統模糊，各人的解釋不同。索爾柴夫氏說得好："凡科學名詞，須明瞭、精密。它的本質，我們可以準確而肯定地說出來，但'經濟'一詞，則離此太遠。假使我們不加任何分析，而把'經濟'兩字作為確定政治經濟學研究對象的基礎，竭力把一些作為理論經濟學對象的特定現象硬放在'經濟'這個字眼之下，那就糟糕了。這時會馬上發現，'經濟'一詞是一個非常不肯定和非常廣泛的概念，不能作為政治經濟學對象的好多現象，那可放在'經濟'這個概念之下。……總之，我們可得個結論說，'經濟'一概念絕不能使我們來說明政治經濟學的對象，只有把它丟掉了。"

所以，不論"財富"也好，也不論"經濟"也好，都不能作為政治經濟學的對象。

在蘇聯，關於政治經濟學的對象的問題，曾有過很長久而激烈的辯論。在這一辯論中，主要的意見可分為兩派，一叫唯心派，其代表者為孟塞維克（少數派）、魯濱和托洛斯基主義者；一叫機械派，其代表者為波格達諾夫、史切班諾夫及布哈林等。

唯心派認為政治經濟學只限於研究商品資本主義經濟的法則。其理由是在資本主義社會裏，盛行着交換，自發的市場法則作着支配地位，故須加以研究；而在其他沒有自發的市場交換的社會形態裏，人與人的關係，極其"簡單"，沒有可供經濟學研究的材料。同時，此派把生產力歸於自然現象以內，把生產關係歸於社會現象以內，因而主張政治經濟學只應研究生產關係，而不應研究生產力。此派的錯誤，就在倒因為果，不知道交換是在生產的基礎上面生長起來的，換一句話說，交換是由生產決定的。同時，他們把生產關係只視作非物質的精神現象，據魯濱說，在其中"我們找不出一粒物質原子來"。

機械派認為生產力是"自然物"——工具、生產手段及人——的總和，生產關係是人們在空間和時間上的配置，並且將人只視作一種"活的機械"；因而，此派主張政治經濟學只應將生產力與生產關係並列地來研究。這派的錯誤是把人類社會和社會物質生產的特殊發展法則，歸納於比較簡單的自然法則；將研究社會生產關係的政治經濟學的對象跟研究各個生產力要素（生產工具與手段）特徵的技術科學的對象看做一個東西了。

蘇聯學術界關於這個問題的辯論，自革命後開始，直到一九三一年才告結束。上述兩派的意見，現在自然已經被肅清了。

然則，政治經濟學的對象究竟是什麼呢？我們知道，人，不能吃風拉屁，須向自然界獲取生活資料。同時，我們更知道，人，不能離羣而索居，須聯合起來，才能組織生產，跟自然界作鬥爭。所以，人們在其社會生活中，加入於一定的、與自己意志無關的生產關係中，這生產關係是跟他們物質生產力的某一發展階段相適應的。這種生產關係的總和便構成了社會的經濟結構——實在的基礎，一切法律的和政治的上層建築物都建立在這個實在的基礎上面，這，在前邊已經說過了。因此，我們可說，政治經濟學的研究對象，就是在生活資料的生產與分配過程中與人人之間所發生的這種生產關係。不過我們曉得，生產關係是在不斷地變動和發展着。因之，我們更再確當些說，政治經濟學的任務是在研究某一生產關係發生、發展及滅亡的特殊法則。

這兒還應當注意的，就是廣義政治經濟學與狹義政治經濟學之分。凡是研究一切經濟形態的根本特點及其發展、滅亡，與夫彼此遞變的，就叫做廣義政治經濟學；若單是研究資本主義發生、發展，及滅亡法則的，就叫做狹義政治經濟學。

物理、化學、電學等等，須有完備的試驗室，才能談到研究；但政治經濟學則不然，它可隨時隨地來自修。起初可研讀數種基本的理論著作，先求得基本的知識，然後再去注意時事的經濟問題。因為你沒有政治經濟學的基本知識，那實際的材料是無法運用的，更談不到正確的分析了。開始讀理論的著作時，若感覺乏味，可聯合幾位朋友，先約定題目和參考書，限期看完，然後集合在一起來共同討論，各發表自己的心得。這時不但興味濃厚，而且所得的知識是很深刻的。……

怎樣研究地理學

李長傅

（一） 地理學之定義

地是地球或地面之意，理是理論卽理性，地理就是地球表面之理論。把地面上發生的許多現象，用理性說明之，這就是地理學是也。《易經》上"仰以觀于天文，俯以察于地理"。這是"地理"名稱之由來，英文作 Geography，出自希臘字 Geogra Phia；Geo 是地之意，Graphia 是記載之意。可是記載如若是經驗的旅行記等，不必用理性來說明的，因此 Geography 不一定就可以說有科學的地理學之意義。所以德國學者，另起一個名詞，叫 Erdkunde，才是名實相符的"地理學"之意。

由地理學的語意，再下地理學的定義。可是地理學的對象是地球表面，這地球表面太廣泛了，怎樣用科學的方法來記載呢？實在還沒有一定的方法。所以一般學者所下地理定義雖多，實在沒有一個可以滿意的。現在且將各家所下的地理定義，列舉如下：

（1）地理學是記載地球的學問。

（2）地理學是研究地球表面諸現象分布的科學。

（3）地理學是討論地球與人類關係的科學。

（4）地理學是討論土地的形態與空間關係及予人類影響之科學。

（5）地理學是自然的無機因子之原則與有機因子之活動中間關係的科學。

（6）地理學是討論地殼上起伏之形狀並討論研究此等形狀及予其他之現象分布上影響之科學。

（7）地理學是研究大有機體之狀態與其構成部分的空間關係之科學。

綜觀這許多定義，大概可以窺見地理學真理的大部分。至於何以沒有一個確定的定義呢？這由於地理學還是一個綜合的科學，牠的本質還沒有確定呢！

（二）地理學之範圍

如若依這些定義來決定地理學的範圍，就是地理研究的對象，是地球表面，這地面就是牠的範圍。推而論之，研究月球的表面，不是地理學。其次，以地殼為基礎來研究地球內部的狀態，也在範圍之外。再次，研究大氣中的諸現象，也在地理學之圈外。只有地球的表面，才是地理學的舞台，但是氣圈、陸圈與地面接觸之點，也應納入地理學範圍之內的。此舞台上的諸現象，以人類的活動為主。用科學的方法，來研究人類在地面的活動過程，這就是地理學的使命。我國某教授曾說：“地理學是百科之綱領，常識之寶庫。”這就是不明地理學範圍之故。

（三）地理學之考察

然則如此，真正科學之地理學的考察，是用怎樣的程序，就怎樣的事項來檢討呢？就是第一步先來考察在地理發生的地理諸形態和地理的諸現象。觀察（Observation）和實驗（Experiment）是研究自然科學的二要素。地理學就是以地面為對象來觀察和實驗的科學。又因研究的目的，而發見地理法則（Geographical Law）。或問地理的觀察是可能的，但是實驗怎樣行法呢？則答之曰："地理學的實驗室，即野外（Field）是也。"就是地球的表面，常常是實驗場，□❶人隨時隨地，可以做實驗工作的。

其次，再講那地理的法則，是什麼呢？就是德國人文地理大師拉賽爾的分布區域之法則，德國立德兒氏、法國白蘭士氏的一般地理的輪迴之法則，德國洪波德氏的地人間因果法則。就全是偉大的先進學者，所遺留給我們的遺產。

分布區域的研究法，地理的諸事物如何擴充於地面，即檢討用如何方式而分布之情形，所謂 Where 之意是也。其次輪迴之法則，一地理現象之研究，與地球其他地方同樣現象相比較，而發見該樣現象變遷一定之法則之意。例如美國大衛士氏之主張地形進化之法則（幼年、壯年、老年）是更進一步則發見地理現象存在之各種理由，即所謂因果律，所謂 Why 之意。一城市的成立，決不是偶然的，而有種種原因求此自然條件下發生的文化景相、其不偶然之理由。此二個法則，決不是互相分離的存在，而是互相溝通、直相關聯而考察地理學的一切。

（四） 地理學之分類

把地面上的諸形態和地理的諸現象，作羅列的記載，這算不得地理學。真正的科學，要把地面的諸現象，用地理的法則來說明之，討論之，才能把握了地理科學的真面目。可是地球表面上的現象千羅萬象，有噴火的火山，有波濤汹湧的大洋，有萬紫千紅的花草樹木，有膚色迥異、裝飾各別的居民，有此疆彼界的國家。其研究的對象，極其複雜。而複雜的事象，不外屬於自然及人為二類，山川、

---

❶ 原書此字模糊不清。——編者註

氣候、生物屬於自然，居民、政治、經濟、交通屬於人為，所以一般的學說，把地理學分為自然、人文二大類。若就其研究的方法而言，又分為普通地理學和特殊的地理學。普通地理學，是就地面一般的現象而討論之；特殊的地理學，則選擇地面的一部分而專論之，就是所謂地誌。茲列表如下：

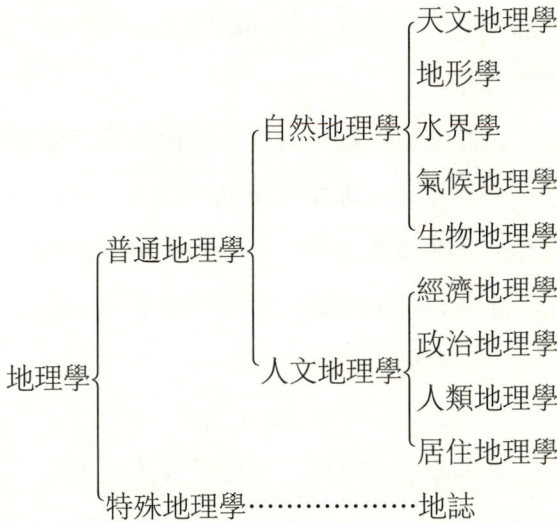

```
                              ┌ 天文地理學
                              │
                              │ 地形學
                              │
                    ┌ 自然地理學┤ 水界學
                    │         │
                    │         │ 氣候地理學
                    │         │
          ┌ 普通地理學┤         └ 生物地理學
          │         │
          │         │         ┌ 經濟地理學
          │         │         │
地理學 ┤         └ 人文地理學┤ 政治地理學
          │                   │
          │                   │ 人類地理學
          │                   │
          │                   └ 居住地理學
          │
          └ 特殊地理學……………………地誌
```

現在再把自然、人文二者的關係，再列一表：

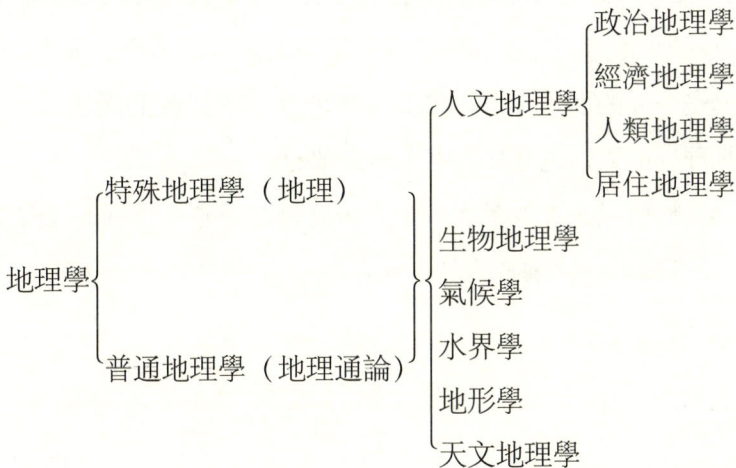

```
                                   ┌ 政治地理學
                                   │
                                   │ 經濟地理學
                         ┌ 人文地理學┤
                         │         │ 人類地理學
                         │         │
          ┌ 特殊地理學（地理）┤         └ 居住地理學
          │               │
          │               │ 生物地理學
地理學 ┤               │
          │               │ 氣候學
          │               │
          └ 普通地理學（地理通論）┤ 水界學
                          │
                          │ 地形學
                          │
                          └ 天文地理學
```

（五）結　論

地理學因對象性質的不同，而分為自然地理學、人文地理學二類，前者屬於自然科學性質，後者屬於社會科學性質；所以研究的方法，也因之而異，前者用自然研究方法，後者用歷史研究方法。這樣成了個二元論，那令學者無所適從了。所以最近地理學的趨勢，不得不注重人地關係的研究。

人地關係之研究，由拉塞爾氏集其大成，經德法學者繼續的研究，而成了現代地理學最高峯。人地關係研究的結論，是人與地相對立的，地（自然環境）如何支配人類，而人類如何適應自然，就是所謂人地交互作用。此作用列簡表如下：

自然環境　　　　人類

自然力　⟷　文化力

最近德國唯物史觀地理學者，温特福噶爾氏據馬氏學說又主張自然對人類不能直接發生作用，自然依勞動過程——勞動力、勞動對象、勞動手段——為媒介方才在人類社會中發生作用（詳見拙著《地理學研究之新階段》，載在《地學季刊》第二卷第一期）。所以地理學是一元的而不是多元的，可謂聞地理學研究的新途徑。我們研究地理學的人，也應當向這趨向去做的。

為篇幅所限，不能多所論列。著者現在正草一本《地理學方法論》，不久擬就正於讀者諸君。

怎樣讀小說

立　波

保持着中國傳統觀念的紳士先生們，對於小說是瞧不起的。記得在小學裏，一個歷史先生有一次問我看了一些什麼書，我說，看了《三國志演義》《西遊》……"《三國志演義》麼？"我的話還沒有說完，先生就彷彿受了什麼侮辱似的說："快不要看那樣的耍書子，要看'四史'裏面的《三國志》，陳壽作的。"

小說，在老先生們的"正經"的眼裏，是邪道，是閑書。甚至於許多有天才的小說作家，做了一些小說，一定要把他們與父母相關的真姓實名隱去，好像這是犯了罪，遺誤了蒼生，遺羞了祖父似的。曹雪芹如果做的是一部《五經註疏》，我相信他一定冠冕堂皇的宣佈了他的籍貫姓名，決不至於勞我們的胡適博士去多方考證的罷。

多少帶着一些時代聰明的讀者也許要笑："這是廢話，這是已經過去了的五四時代的問題。"然而稍稍留心現實的時候，就知道護衛小說的莊嚴就是現在也並不全是廢話。固然我們看到了作小說、讀小說的壓倒的趨勢，但是同時我們也看到了讀經存文的狂叫，這種復古的潮流，是要把二十世紀的人生拖到塵封已久的故紙裏去，是要威嚇那反映社會生活的小說的莊嚴的存在的。

而且，就是許多新人，也常常中了舊的流毒，有意無意的把小說看成了消閑品；一提起讀小說，很容易使人聯想到仰臥在沙發上和牀上的懶洋洋的光景。我們也可以看到許多的大雜誌，總把小說一欄當做可有可無的附錄，"正經"文字多的時候，無論什麼有價值的小說都可以被擠掉的。這都是對於小說的傳統的歧視的殘餘的表現。

帶着趣味的面影的小說，其實是最嚴肅的東西。人生有多少嚴肅，反映人生的小說也就有多少嚴肅。否認小說的"正經"的，一定是不理解小說的真正意義的人，要不然就是嬉戲人生的公子。

讀小說的遊戲的態度，是要辜負作者的。偉大的作家都是帶着無限的嚴肅和崇高的目的去作小說的。高爾基是為了充實貧乏的生活，為了表現豐富的人生印象，開始寫作。巴爾扎克更明確的主張："文士是應當以人類之師自任的。"再看魯迅罷：

說到"為什麼"做小說罷，我仍抱着十多年前的"啟蒙主義"，以為必須是"為人生"，而且要改良人生。我深惡先前的稱小說為"閒書"，而且"將為藝術而藝術"看做不過是"消閒"的新式的別號。所以我的取材，多採自病態社會的不幸的人們中，意思是在揭出病苦，引起療救的注意。

自然，小說家有時也笑，但常常是"裝點歡容"的莊重的笑，要不然就是迎接新的時代的深意的歡呼。

我們又知道，偉大的作品常常是天才的幾十年的辛苦的經營。龔察洛夫的《奧布洛莫夫》、佛羅貝爾的《薩郎波》都是做了十來年的小說，而哥德寫《浮士德》，竟花了六十年的工夫。動不動就是幾十年的天才的心血，難道值不得我們一天的嚴肅嗎？

小說不但是以嚴肅的態度表現人生，而且是以科學的精神處理人生的。偉大的作家常常把自己的工作看做科學的工作。巴爾扎克說：

凡讀那稱為歷史的這一種枯燥而可厭的目錄的人，總會覺到，一切國民和一切時代的文學者們，忘却了傳給我們以風俗的歷史。

我想盡我的微力，來補這缺憾。我要編纂社會的情慾、道德、罪惡的目錄，聚集同種的性格，而顯示類型（代表底性格），刻苦勵精，關於十九世紀的法國，做出一部羅馬、雅典、諦羅斯、門斐斯、波斯、印度諸國惜未曾遺留給我們的書籍來。（根據魯迅譯文）

看了上面那一段話，我們可以知道，巴爾扎克是以歷史家的態度創作小說的，同時，他又確信："文學必須是社會的生理學。"我們再看高爾基的話罷：

藝術家作為自己的社會層和自己的時代的客觀的歷史家而顯現的例子，是非常多的。在這種場合，藝術家的任務的意義，是和研究動物的生存，和食餌的各種條件，以及繁殖和死滅的各種原因，同時描寫他們的殘忍的生存爭鬥的姿態的自然科學者的任務完全相同的。

所以，我們主張讀小說的時候，應當有對於人生的嚴肅態度和研究科學的睿智。在沒有打開一本大作家的著作的時候，我們首先要問一問自己："我讀這本書，是不是僅僅為了一回淺笑？"如果是這樣，還是不要讀書，到什麼樂園去吧，那裏的江笑笑、陸奇奇之流，也許更能滿足我們的要求。

記得有一個批評家，要求科學書籍的讀者，要有金礦夫的勤勉：要捲起他的衣袖，擎好他的鶴嘴鋤。讀小說的時候，也是一樣，在沒有打開封面的時候，我們要問："自己的袖子紮好了沒有？自己的理智的鶴嘴鋤準備好了沒有？"如果沒有的話，可以保證他是不會掘到書裏的金礦的。

自然，我們並不是說對所有一切的作品都應當這樣。對於為藝術而藝術的作品，對於性史一樣的無聊的作品，對於是瀉而不是寫的粗造濫製的作品，當然用不着嚴肅和勤勉，而且我們主張最好不看。

我們也並不主張所有一切的人都應當嚴肅而勤勉的去讀小說，這是不可能的。我們的忠告，單單是為了那些愛讀小說的文學同伴而發。

書讀一遍，算不得讀了的這事，是讀書界普遍的定論。喬治‧勃蘭提斯說，他認為有價值的書，總要讀它十遍以上；有些書籍，他簡直數不清他誦讀的次數。烏諒諾富把托爾斯泰的《安娜‧卡列尼娜》讀了一百遍。高爾基得到了佛羅貝爾的《簡單的心》，在小擱樓上的燈光下面，一遍又一遍的揣摩着，好像摩弄一件藝術品一樣。沒有一個偉大的藝術家和思想家，對於自己中意的作品，祇讀一遍的。祇讀一遍，對於那書的真正價值是不會知道的。我們讀了一遍的作品，過了許久再讀的時候，常常可以發現許多連自己也吃驚的新的東西。

也有許多人以為“讀小說就是讀自己”，在小說裏發現自己的思想和生活的眞確的記錄和表現。這當然也是讀小說的常有的結果。一個帶着懷疑氣質的知識分子，一定可以在《哈姆雷特》中發現自己的許多明劃的形象；一個稍為疏懶的人，一定在《奧布洛莫夫》裏看見自己的行動和言語；一個崇拜東方精神文明的英雄，一定和“阿Q”深表同情罷。發現自己，是讀小說常常惹起的一種效果，同時常常也是作者的用意之一，可是這並不是讀小說的全部意義。讀小說的更重要、更積極的意義，是怎樣去發現自己以外的優美的東西。讀者能夠通過作家的藝術的形式的美，看到了改善自己的東西，這才不負作家的“改良人生”的原意，而藝術的教育的意義，才可算是完成了。

為着這樣，對於作品的孤立的了解是不夠的，我們一定要對於作者的思想和生活，都有相當的系統了解。這樣，我們才不致把作家的意旨憑着自己的主觀，與以歪曲和誤會。因此，我們讀一本小說的時候，最好能夠同時讀一讀那篇小說的作者的生平和思想的介紹文章。我們常常有這種感覺：一個友人所做的小說，我們覺得分外的親切。這不單是感情作用，而是對於他的生活和思想我們有透澈的了解，連他的作品中的微弱的脈息，我們都能夠清晰的諦聽出來的原故。

我和我的朋友都有一種習慣，在讀完一部作品的時候，我們一定要找許多關於這部書的正確的批評來看；找不到的時候，我們要是都看了，大家就嘩拉嘩拉的講，在蕪雜的讚賞和敍述中，常常互相交換着讀後的意見。讀過了一部可愛的作品的時候，無論自己的見解怎樣，聽聽人家的意見，總是十分有味的事。

喬治·勃蘭提斯以為明瞭一個作家的幾個作品的聯繫的時候，對於作品的理解是很有幫助的。明白了作家的一個作品和另一個作品的聯絡，系統地去讀了它們的時候，"我們可以達到對於他和他的作品的更高的理解的境地"。

喬治·勃蘭提斯主張對於一個藝術思想的起源，也應當加以追索。這當然不是一般的讀者所能辦到的。不過，我們可以由他這個提示，懂得要理解一個作品，除了在作品的本身上用再三揣摩的工夫以外，還要從那書外的許多思想和藝術的關聯上去理解它。

如果時間充足的話，我以為高聲誦讀優美的作品，是最有益處而又非常愉快的事。許多作家，常常誦讀自己的作品；如果讀者也能誦讀的時候，很可以浸入作者的文章的優美的境地的。喬治·勃蘭提斯更講了一個有趣的故事：

在丹麥，畫家采特曼（C. Zahr lman）曾經把克利斯丁那（L.

Christina）的《我的苦難的回憶》（Memoirs of My Misery）反覆讀了無數年。讀這書的時候，他是這樣的被吸引了，以致書裏的可憐的被囚的公主成了他的一部分。這本書啟發了他一長系新奇的重要的繪畫。

誦讀優美的作品，可以啟發自己的思想，可以提高自己的修養，可以改進自己的生活。

不過，誰都知道，改進自己的生活，單靠小說是不行的。小說不過是實際生活的藝術的反映和認識。因此，要充分理解小說，反而要靠實際生活的經驗。"如果我們對於人類沒有相當觀察的話，我們連欣賞一本小說也不能夠的。我們不能判斷它對於事物的描寫的真偽"，勃蘭提斯的這個意見是非常正確的。"我們一定要體驗了實際的人生，才能夠從書本裏學到什麼。"

怎樣讀戲劇

蕭崇素

朋友，我要告訴你們怎樣讀戲劇。這是一個有趣的題目，並且也是愛好讀書的諸位，應當注意的題目。

提到文學或藝術這類字樣，再沒有戲劇這樣為近代人所注意而尊視了。你想到當一個作家，將他慘淡經營、苦心結構的腳本，搬上舞台，由那有修養的演員，把他創造的人物活在舞台上，又由那些人物把他的思想和情緒，直接訴於那無階級差異、無智識差異的無數觀眾的直覺，使他們笑，使他們哭，使他們感激，使他們興奮——藝術中除掉戲劇，還有甚麼藝術手段，能達到這樣普遍而直接的效能呢？

加之隨近代物質文明的進步，近代的戲劇，已經吸收了其他藝術的特長和科學的幫助。他的內容，已經包括了電氣的照明，劇場、舞台的建築，繪畫圖案的裝置和衣裳，以及音樂和跳舞。——所以談到戲劇，已完全是個綜合體的東西，他借科學、藝術綜合的效能，成功一種最年青最有力的藝術的手段，做了現代人最重要的滋養品。現代人離不開他，已正像希臘時代的人離不開他的悲劇、羅馬人離不開他的野外劇場一樣了！

和近代人的生活這樣密切的戲劇，我們應如何動手去讀他呢？這裏我們應當認清楚，我們不能像學究一樣去讀劇，把每個腳本，帶進研究室去訓詁考據，也不能像一個玄學家一樣去讀劇，要從希臘、羅馬、莎氏比亞、莫里哀去家家拜訪——因為這都不是一般人讀劇的目的。我們應當先接近所謂"現代劇"（Modern Drama）的作品，他和我們的時代接近，那中間有我們同時代的希求與熱望；戲劇那套技巧，在這裏也非常成熟。思想、內容、技巧一切上，都可以啟發我們。

我們要把"現代劇"作一個系統的涉獵，應當如何入手呢？這裏且根據克萊克（B. H. Clark）的《現代劇研究》（A Study of The Modern Drama）一書，略加修正，立一範圍如下：

（1）挪威劇：易卜生——般生。

（2）瑞典劇：史特林堡。

（3）俄國劇：托爾斯泰——屠格涅夫——契訶夫——安特列夫——高爾基。

（4）德國劇：霍甫特曼——蘇特曼——惠底肯特——凱扎爾——脫萊。

（5）奧地利劇：巴爾——顯克志勞——霍甫曼斯搭爾。

（6）法國劇：羅斯丹——羅曼·羅蘭。

（7）比利時劇：梅特林克。

（8）意大利劇：鄧南遮——皮南得竇。

（9）西班牙劇：倍那文德。

（10）英國劇：瓊斯——淮爾特——蕭伯訥——高士華綏——巴蕾。

（11）愛爾蘭劇：夏芝——沁孤——格萊哥莉夫人——唐色尼伯爵——奧開色。

（12）美國劇：費其——荷瓦——格林——奧尼爾——愛姆·萊絲。

（13）猶太劇：賓斯奇。

　　我們應當從易卜生、史特林堡讀起，因為這兩人是"現代劇"形式的完成者。易卜生的劇，是用了七年的修養才寫出的，因此內容堅實，為一般人研究的中心。

　　至於那同用英文的愛爾蘭劇和美國劇特別提出一項使我們注意它，是為了兩種戲劇，都替"現代劇"加增了新的意義。愛爾蘭劇常常沒脫離那反抗的色彩，卽是那克爾特民族（Celtic）和盎格魯·撒克遜（Anglos Saxons）鬥爭的色彩，這使現代劇有了革命的意義。美國為了小劇場的發達，在那搖籃裏生長出來的"現代劇"，已經不是附在英國文學後面了事的東西。就奧尼爾和愛姆·萊絲的作品看，技巧上給現代劇開拓了一些新的領土——這些特點，都是我們讀劇時，應當特別注意到的。

　　不上兩世紀的現代劇的一切，都包含在上列的範圍裏。在我們的出版界，常常可以看到這些作家的翻譯和介紹；有心的讀者，正可以利用這些翻譯，把他有系統地分類地閱讀。這樣做下去，定能對這代表了近代最複雜的文化姿態的現代劇不隔膜，懂得他藝術上的優秀。

　　十三個國度的代表作家，已經可以把現代劇的優點，完全告訴我們了。最使我們驚嘆的，是那作劇技術的千變萬化。對這一般使用的技巧，有無數理論家對它研究。他們對於一劇，常使用後列五個術語：

（1）序說（Exposetion）。

（2）上升（Development）。

（3）頂點（Climax）。

（4）下降（Demovement）。

（5）結局（Catastrophe）。

　　即是說，不論五幕、四幕、三幕、二幕或一幕劇，劇的發展都不外要依這五個步驟。例如最近各地公演的《娜拉》的三幕劇，若我們概括他每幕的大意：

　　第一幕，年青的美麗的娜拉，正為聖誕節的準備忙碌，為了她丈夫升任銀行經理，更使她感到幸福。這時却有不幸的林敦夫人來訪問她，要她對她幫助。她想到她丈夫沒得意時自己所遭的困厄，從衷心裏願替林敦夫人幫忙。她要她的丈夫替她找位置。在林敦夫人走了後，繼着來訪的，是那使她感到歡樂幻滅的克洛克。他為他在銀行的位置有為人奪去的危險，他用法律上的文書偽造罪來威脅她；因為她為救她心愛的丈夫的病，在她丈夫未得意時，曾冒用她父親的名字向克洛克借款。這時他要她使她丈夫保留他的位置，就用這法律上的裁制來威脅她。但胆怯的娜拉，沒得到她丈夫的允許。

　　第二幕，聖誕節的黃昏，娜拉正為苦惱壓榨着，念着愛子，念着丈夫，念着幸福的家庭；但當一切暴露時，正不知自己是如何結果，惟一的想法，是想在領事的假裝跳舞會裏，扮着拿玻里的漁娘，還能和她丈夫幸福地過一些時候。恰恰克洛克果然免了職，他來對娜拉作最後的威脅，把暴露她祕密的信丟在信箱裏。這時，知道一切的林敦夫人出來救她了。她要使他迅速地撤回那封信，但她丈夫却在他沒撤回時就要去看那信箱。經她多方阻止，用練習她的跳舞為口實來阻止他。她拚命的跳，帶着憂愁與恐怖的眼淚跳，想要阻止她丈夫在林敦夫人達到目的以前，看那信箱。

　　第三幕，樓上開着跳舞會，林敦夫人等候着克洛克。他們原來是愛人，她用温情說服了他，他不再做他的壞事。娜拉也等着她丈夫對她的變化，那愛情的奇蹟。那曉得她丈夫發見信箱中的信時，異常忿怒，責她破壞了他的幸福，責備她的謊言和偽善，並沒想到那借款是幫助了他。娜拉見冷冷地、繼着意外地送來克洛克悔罪的信，並且把那簽字的約據也送了來，她丈夫又歡躍起來，不再責備他的妻子。娜拉却非常凄涼，走到隣室裏去，脫去那玩偶一樣的舞服，穿上樸素的衣裳，聲言她從前在家中作爸爸的玩偶，現在又作丈夫的玩偶，她現在不要人這樣看待她了，她要去做個有自由意志的人，不再做玩偶。說完這話，就離開這家。

由上面看，我們明白第一幕有"序說"和"上升"的效用，而那上升正是克洛克進場帶來的。因為有了他，這幸福的玩偶之家，才來了威脅和不安，以後都是這不安的戲了。第二幕完全用來寫"頂點"。以那信和信箱為中心，到娜拉盡力阻止、盡力跳她的拿玻里的風俗舞，跳後含悲地坐在一旁不做聲時，這"頂點"真有石破天驚的效能了。第三幕包括了"下降"和"結局"。這"下降"的鍵，握在林敦夫人的手裏，而解決的方向，又握在主人公娜拉的手裏。結果解決來了，代表歐州十九世紀女性的覺醒的娜拉離家了，全劇也完了。

這是一般劇本結構的規律，都由各人不同的天分，巧妙地撥用着。雖然有例外，高爾基的《夜店》，他全劇可以抽出任何一幕，獨立出演，並且沒有固定的主人公，却仍然是傑作。這却非有絕大手腕，沒能應付。若我們的讀者，得到一個脚本能用這方法去分析、考察，我想定會得到些意外完美的收穫和領悟。

還有在近代才發展起來的"一幕劇"（One act play），這是愛好戲劇的人必須要注意到的新東西。"一幕劇"在愛爾蘭最發達也最好，幾乎一般人把"愛爾蘭劇"當成"一幕劇"的代名詞；在那裏出了一些了不起的一幕劇的作家，每個都作得非常好。最顯著的，莫如壯年死去的約翰·沁孤。他一生只留了六篇短極了的一幕劇，但這六篇劇，却刺激了無數世界的作家去寫一幕劇。大學研究室也研究他這又少又短的六個劇，可知他評價的了不起。日本最優秀的一幕劇作家，可舉出菊池寬、山本有三、中村吉藏等人，而這些人都是以"愛爾蘭劇"為出發的，所以技術上有那樣優秀。我國作家曾接受過愛爾蘭劇的影響，而且擅長於寫一幕劇的，可舉出田漢的名字。——總之，這已形成一個全世界的潑辣而新鮮的體裁，我們若注意戲劇的話，就應注意他，注意他的新鮮潑辣和優秀的地方。

莎氏比亞（W. Shakespear）離開倫敦時，寫《颶風》（The Tempest）一劇，表示他對倫敦人士的別意。中寫絕海飄流的普洛斯，用他的魔術引來法蘭基的船，把那從沒見過青年男子，以為天下男子都像那白髮老人的美少女米蘭達配給他，然後去了魔法之杖，和他長時間役使的精靈愛力兒告別——這杖正是譬喻他的筆，而愛力兒却正影射他的靈感。由這裏看，莎氏比亞是把劇作家的筆，看成魔法之杖了。這譬喻本不錯。我們理解一個脚本，和那脚本的奧妙時，眞感到他是一種魔法的東西，決不是平常的文章。若諸位懂得這魔法和這魔法的奧妙，我敢担保，諸位在一切藝術中，定會更喜歡戲劇這東西！

一九三五，六，二九

雜談作詩和讀詩

駱　方

　　新詩似乎只有對于文藝有興趣的人去讀，與大部分人毫無緣分。
這也難怪：新詩的歷史僅二十來年，當然還不能代替或並駕齊驅那
有數千年歷史的，在人們的心底裏植着根深蒂固的勢力的舊詩。且
讀舊詩有典型的調子：無聊時打開一卷詩哼幾句，雖則內容儘可不
明瞭，文字儘可不懂，但搖頭擺尾朗讀起來很可以解悶，如像唱支
歌一樣。至于新詩，則因朗讀的調子尚未產生或普遍，句子長長短
短頗不整齊，每行末一字很多不押韻，以及內容與舊詩同樣難明瞭
甚且有過之而無不及等等關係，一般人都不高興去碰它們。例如我
自己，從前對新詩尚未發生興趣時，打開文藝雜誌只閱小說和論文，
從來不想去讀一首詩；總以為新詩既神祕又玄祕，每逢碰到它們總
有點兒害怕和頭痛。我想，跟我有同樣經驗或感覺的人一定不少。

　　寫詩的人也應該負一部分責任。現在文壇上大部分的詩人都高
興把字句組織得委宛曲折、顛顛倒倒，故意把他的詩寫得玄妙和神
祕，似乎很"高深"似的。雖則寫詩，有時為調整音節關係不得不
與普通文章的字句組織得有點兒不同，但這決不是表現"高深"的
必要手法。詩人寫出詩來決不願意把它藏諸箱底，也決不願意只有
跟他同樣高明的詩人讀它。我說他們專在字句裏翻筋斗真是自討苦
吃──沒有人能欣賞他的詩。如像某派諸大師及諸師兄師弟的詩章，
從律詩解放到商籟體，講內容平凡而落伍，講技巧陳舊而拙劣，把
一點兒偶然發生的靈感鋪張揚厲得天大似的──結果是連這一點偶

然發生的靈感都沒有表現出來，除非寫詩的人自己肚皮裏有數。還
有一些不知道什麼派的詩人以堆砌文字為游戲，眞可說是新詩的罪
人！隨便舉個例：

> 愛情乘了 Bus
>
> 彼此皆是幸福的
>
> 愛情乘了 Bus
>
> 合理的戀愛哲學
>
> 輕馱載的僅馱載着相對論的
>
> 一夫一婦的小型 Chevrolel
>
> 明日的道路上
>
> 不時代的人與物之鬼魂
>
> 彼此攜了愛情去乘 Bus 吧
>
> ——鷗外鷗《論愛情乘了 Bus》首三節

這也算是詩？這些字句傳達的是什麼？誰都會感覺頭痛的吧！
歐美的現代詩人都竭力想法把詩的文句組織得通俗和簡明，以求適
合世界潮流（文藝的技巧和字彙是要隨着時代的進展而變化的），蘇
聯詩人白德尼（Demyan Bedny）的詩幾乎完全是日常的口語。美國
古典派詩人愛立奧（T. S. Elliot）的詩頗難懂，那是因為那位詩人
的腦子太複雜和他的作品哲學氣味太濃厚的緣故；每行單獨分析起
來，都是寫得文法很嚴密、文字很流暢的。

詩的內容當然也有極大的關係。中國寫新詩的人生活似乎都不
十分豐富，腦子裏的財產似乎都不怎樣富裕，情感似乎都不很熱烈。
缺此三者，欲求得佳作是很困難的。有些人甚至鑽牛角尖，他們的
作品顯得異常小氣和狹窄。大部分的詩非好像是從墳墓裏掘出來的，
卽好像是看不見的遼遠的天邊一陣微風。題材大都好像是來自一幢

弧單的小屋子的廂房裏，那幢小屋子是築在高山之頂或深海之底的。這樣的作品不能適合一般人的需要和致使一般人迴避，是無足為怪的。與現世界、與現時代沒有多大關係的靈感，不能在生活在現世界、現時代裏的一般人的心中引起共鳴，是不足為怪的。在老輩們根本厭惡新詩和勞動者還談不上欣賞文藝作品的今日，比較高興翻翻新詩的大都是年青的智識份子，而那些年青人是整天激蕩在憂鬱和憤怒的漩渦中的，那有優閒的心緒去靜聽雲端裏的天使的不十分悅耳的歌唱——那是饜足他們的靈魂的飢餓？

其次，有重大關係的是技巧。這裏所說的技巧是指表達的方法。詩人說把通過他內心的靈感捉住在紙面上，這是一件極難的事。每個人都有喜怒哀樂，但不一定每個人都能把他的情緒捉住在紙面上，更少能把他的情緒使之藝術化而加以強調的——而這便是詩人的工作。以前有一時期盛行的口號，情感沸熱的詩。現在這種詩却不多見了，其原因當然不止一種，但最大的恐怕是因為技巧不高明而得不到一般人的同情（不能在讀者心中興起與作者同樣沸熱的情感），而自行斂跡。千篇一律，缺少藝術的修養，強調得不適當，總而言之，表達的方法不高明，不能把情緒使之藝術化而全部捉住在紙面上，久而久之，引起一般的讀者討厭起來。其他的詩也大都犯同樣的毛病。幻想不豐富的，字彙不豐富的，對于文字的運用不熟練的，和靈魂欠聖潔的詩人，雖有好題材，寫不出偉大的作品來的。

詩要有音節，那是詩的天經地義的規條。有些人誤以自由詩不需要音節，把一句散文隨便分別為幾行便算是詩，那是錯誤的觀念。詩可以每行末字不押韻，凡寫詩的人都知道求每行末字依照各種規範押韻是很痛苦的事情——限制題材的展開，限制字彙的自然的活用，和毀壞自然的美麗的音節。但一定要有鏗鏘的、協調的音節，朗讀起來抑揚頓挫或宛轉溫柔如像唱歌。受西洋文學影響很深的徐志摩和朱湘等的詩對于音節十分注意，郭沫若後期的作品亦大都具備原始性的壯麗的音節。但一般修養較少的詩人都不注意及此，都沒有推敲字眼的習慣，沒有組織詩句的技巧，他們的作品即默讀亦有格格不入口之感。寫詩的人都要能聽音樂，且要多聽音樂以訓練耳朵。

以上拉拉雜雜說了些中國新詩不發達的原因，總結起來說一句：歷史太短和新詩本身不健全。每種原因都只略略提一提，詳細討論起來可各成一本專書。

一般人都沒有欣賞新詩的素養——不知道怎樣對付躺在眼前的一首新詩，我想亦是新詩不發達的最大原因之一。詩比小說、比散文難讀是真的，因為它沒有如像小說裏的故事——敍事詩是有的，但不能敍述得同寫小說一般的詳明——不能寫得同散文一樣的頭頭是道和有條不紊。詩有詩的表現的方法，而由紙面上去握住一首詩，也是有它自己的方法的。茲就臨時想到的應該怎樣對付一首新詩的方法分條略述于下。

最要緊是要去追蹤作者的幻想。詩人的幻想由某一件事物或某一種情緒出發，時常一個連接一個地推進前去；當他閉目深思時，他選擇最適宜于表達和最能強調他的靈感的一個，寫在紙面上。讀者一定也要由詩中的語言出發進行幻想，追蹤到作者的幻想之出發點。非這樣，讀者是不能澈底瞭解那首詩的。譬如下面這兩節：

> 爭鬥的獸街上有反叛的進軍！
> 驕傲的頭腦比連山更要崢嶸！
> 我們要激起第二次的洪水，
> 來洗淨一切行星的各座荒城。

這些斑斕駁雜的日脚，

迂徐地拖着歲月的車馬。

我們的偶像是迅速，

我們的心臟是大鼓。

——馬耶柯夫斯基《我們的進行曲》首二節

幾乎每個名詞和動詞都是象徵的，都是一個形象，若照字義直講會不知道作者講些什麼。讀者一定要把象徵與形象的根源找出來和系統地排列起來，才能全部瞭解這首詩。

第二點重要的，是要去體驗作者的中心思想。這之先，最好能知道作者的身世和生活。把握住了作者的中心思想而後讀他的詩，一切疑難均可迎刃而解。且非如此，作者的靈感不能在你心中興起共鳴和回聲。這是關于詩的內容方面的：若不能捉住作者的中心思想，便無從澈底瞭解他的作品的內容。

第三點，是要拉着調子高聲朗讀，如像讀舊詩一樣。一般人對于新詩只像閱讀小說似的默誦而不發聲讀和哼，這大概是因為沒有養成習慣的緣故。詩要朗讀，不論新舊。因為詩是有音節的和音樂化的——作者把字眼安排得具有適合于他的情感思想的音節，備讀者朗讀。朗讀是去全部瞭解一首詩的工作之一部分。說新詩不能朗讀是沒有理由的，歐美的現代詩不是我們的新詩一般無二嗎？不是也常常每行末字不押韻，句子也長長短短頗不整齊的嗎？歐美人讀詩是拉着調子朗讀的，我們為什麼不能？

若能依照上述三點去對付新詩，且都能做到十分圓滿，無論那首詩均不成問題。欣賞不論那種或那件藝術作品，一定要採取把那藝術作品放在解剖台上分析、放在顯微鏡下觀察的態度。新詩自不能例外，且因比較難于理解，分析和觀察的工作比較吃力。

　　第一次讀不懂，再三讀之。欣賞藝術作品是一種本領，這種本領是要由學習和訓練才能獲得的。若再不懂，那不是詩本身有缺點便是你的智識尚感不足，拋了它便了；勉強能招致頭痛，和不知不覺地孵化出懼怕新詩的心理。

如何讀報

陳彬龢

報紙是最能幫助人們獲得新智識的，無論政治、經濟、史地、文學和自然科學等，它都能供給最新的智識。假使報館是一個學校的話，報紙就是載着活的教材的講義。我們可以過一生一世的學生生活，它永不會追着我們走到畢業的時期。所以一個生在現代的人而不知利用報紙以求新智識的，眞是虛度了他的一生。

人們既能在報紙獲得最新的智識，換句話說，報紙是普及教育的利器，亦就是負着國民教育的重大責任。現在報紙的銷路，有些國家已經達到一百萬或二三百萬以上的，就可以斷言，那個國家的教育一定是很普及的。今日我國的日報銷路最多的不過十萬餘份，與其說國內文盲太多，不能讀報，毋寧說是報紙還沒有負起推進國民教育的責任。

現在我開始講"如何讀報"吧。可是各人因他地位與職業的不同，各有各的讀法。如辦教育的人就特別注意到教育新聞，做投機商的人就特別注意到每日市場上各種價格的變動；新舊軍閥特別注意是時局變動，最喜歡讀的關於時局方面的謠言，他們"惟恐天下之不亂也"；官僚最注意的就是新機關的添設，或是各機關長官的更動的消息，他們便有鑽營的機會了。有些閒暇的人，是專以讀報為消遣的。如我們蘇州茶館裏化一個銅子，租一份報讀，他要從報頭讀起直到末版末字為止，廣告也一字不遺漏的；亦有化幾角錢專讀隔一日或隔二日的報紙，讀完後還可將報費拿回來。……現在我是專對一輩在學校讀書或是在商店做學徒的青年以及小學教員而講的。他們應"如何讀報"呢？現在就拿今日（十一月七日）的上海七種日報（申、新聞、晨、中華、民、時事、時）做一個例子。

我以為讀報有三種讀法：

（1）略讀。有些新聞、通訊、論文、閒文，雖然占了大部份的篇幅，可是都毫無關係，我以為衹要看看標題，內容不必再讀。

如《書畫家程××婚變》《玉皇殿私訂終身》等（此類消息以時報刊登最多）。

（2）精讀。《申報》《新聞報》的內容，比較確是多的，因為遷就廣告，排列欠清楚，讀者必須以"沙中淘金"的方法去讀，才能發現好東西。今日除一般重要新聞之外——如申報《鄂省賑災實況》、賾雅先生的《西北視察記》，《新聞報》的《海甯災民慘象報告》、執中先生的《歐洲遊記》（今日恰巧未登），《晨報》張白水先生譯的《日本軍事預算諭》（《晨報》的一日一題很好，今日恰巧未登），《時事新報》的中國物理學會請求修改度量衡制、風懷曾談變光電燈之發明，《中華日報》的社論《美國會總選舉》、於潛縣社會情形，及附刊《中國經濟情報》等，都值得精讀。

（3）筆記。有些特殊新聞與論文中的警句，足以增長常識的，更值得筆記，以作備忘。如：

《晨報》：愛爾蘭人不再為英人　愛爾蘭獨立之一徵（國民社六日杜白林電）此間最近公布一草案，規定愛爾蘭自由邦人民嗣後一律改稱愛爾蘭人，同時將不再稱為英人，亦不得再享英國人民之權利。此案或可於下星期內在國會通過，是為愛爾蘭完全獨立之重要步驟。

《新聞報》：冀省抗日陣亡將士共一萬一千餘人抽二百廿人公葬

▲北平　冀省抗日陣亡將士已查竣，共一萬一千餘人，將抽二百廿人尸骸，運京靈谷寺公葬。

歷史教員可以作為歷史教材。

《晨報》：世界著名科學家居利夫人追悼會九日在法蘭西協會（上海環龍路十九號）舉行　有波公使及雷協籌演講。

準備參加的話，便可記下開會的日期和地點。

《晨報》：正太路支綫榆谷段試車　大潼路停止續修（中央社五日太原電）鐵部所修大潼路榆次至太谷段，業已完成，五日正式試車，正大路局長王懋公親乘車視察。鐵部因晉當局已將同蒲路，完成大半，大潼路無再修必要，決即停止。至已成之榆谷段，即改名為正太路支線，可由石莊直通太谷，由太谷直通太原。

《申報》：錢塘江鐵橋開工期　定本月十一日在杭行開工禮　全部建築工程費定四百萬元　鐵部與浙建廳合作年半完成。

《新聞報》：連露港之發展▲工竣後添闢航線三道▲滬粵為貨運總樞紐▲南京　隴海路局為積極謀發展連雲港起見，擬候該港全部工程完竣後，除與招商局辦理水陸聯運外，並計劃添闢航線三道：（1）由連雲港直放天津；（2）直達青島；（3）經上海達廣州，為隴海路全線通車後貨運總樞紐。

此與地理常識有關的新聞，地理教員可以作為地理教材。

《新聞報》：日鮮浪人祕製黃面兜售　毒質勝過白面▲天津　昌黎、唐山、秦皇島，頃有日、鮮浪人集資開設製造黃面祕密工廠三處，由白面內提精鍊成糖塊，令小販兜銷，以免警察注意，銷路甚廣。吸食後，受毒較吸白面尤烈。

《中華日報》：全國人口統計　東北四省未列入　已達四萬三千萬（京訊）據本日內政部宣佈，全國人口統計，約在四三〇，〇〇〇，〇〇〇人左右，此項數字，現被日本軍事佔領之東北四省，尚未列入。民十八年份之人口統計，連同東四省在內，約計四七〇，〇〇〇，〇〇〇人云。（此訊已詳見六日《新聞報》）

此係一種常識。

講到讀報的次序，報紙中最重視的當然是"新聞"。新聞是愈新愈好。我們讀報時最迫切的，是希望知道"新"的"新聞，"所以我們讀報時應先讀新聞。但是恰恰處在這非常時期，往往我們所迫切而希望知道的國事，或是應當給一般國民明瞭的國事都被刪去了。反間接在西文報紙或日文報紙上知道一些，這一方面減少了報紙的價值，一方面徒使一輩民衆對於國事更為漠視。而且一般人以為現在的報紙已沒有"新的新聞"或是重要消息了，何必再讀報呢！結果，使辦報的和讀報的都覺得毫無興趣了。在此，我要貢獻當局，不必消極禁止報紙刊登什麼，應該積極地指導報紙如何刊載重要的消息。

讀新聞前可以先一看各報的新聞"要目"。

第一，讀國內的重要新聞。如各報的新聞要目所指出的以及上述精讀與筆記的材料。

但是有時同樣一條新聞，各報紀載不同，可以比較着看。

如關于政府補助《英文中國年鑑》的消息，《申報》的電文是：（南京）英文中國年鑑社一次補助費二萬元，經行政院通過後，由財部編具臨時概算，已經中政會照數核定，並指定在本年度第二預備項下動支。國府頃已分令政監兩院，轉飭財審兩部遵照。（六日中央社電）而《新聞報》的電文是：（南京）政府昨令核准財部為宣達國情於世界，及便利異國人士明瞭我國情況，編具英文中國年鑑，一次補助二萬元。這當然《新聞報》不及《申報》詳細。這是什麼綠故? 因為《申報》根據的是中央社電,《新聞報》是自己的專電。在此我向讀者特別報告的, 現在關于時局方面比較重要的消息, 都歸中央社供給的。各報自己的訪員, 想在中央社的電訊以外, 找些特別電訊, 而且容許刊登出來, 這是不可能的事情。《新聞報》因為自己訪員的電, 捨不得不用, 結果不及中央社的詳細。凡是關于時局消息, 讀者可以留意中央社的消息。

第二, 讀國際新聞中關于中國的消息。就今日散見各報的, 如:

(1) 英外相在下院表示, 英軍放棄在長城外操練習慣。

(2) 日蘇中東路交涉無進展。

(3) 美國當局搜索私販華人。

(4) 中美貿易減少。

第三, 讀國際新聞。就今日的或是最近時期的問題, 重要的莫若:

(1) 英日美在倫敦的海軍談話;(2) 德法間的薩爾問題;(3) 日本軍事預算等。

我們讀國際新聞, 不能不知道其來源及其供給機關的立場。現在供給國際新聞的, 大約有如下幾家電訊社:

(1) 英國的路透社 (Reuters Telogram Co. Ltd.)。它雖不是英國政府所設立的, 但它與英政府很有關係, 它是以英帝國的立場為立場的。

(2) 法國的哈瓦斯社 (Agence Havas)。它雖亦是股份公司, 實際上卻是法國半官通訊社。

(3) 美國的合衆社 (United Press) 和聯合社 (Associated Press)。它們都是美國新聞界自己聯合組織的, 與政府無甚關係。

(4) 日本的新聞聯合社和電報通訊社。它們都與日本政府有很密切的關係，亦卽是日本政府的代言人。

（5）蘇聯的塔斯（Tass）。它是蘇聯的半官通訊社。

其次，讀國際新聞時，對於人名、地名、國名須特別弄得清楚，最好自己時常把重要的人名、地名、國名等做一備忘錄。並且時時參考世界地圖，或其牠雜誌上的國際論文（如《時事類編》《國聞週報》《世界知識》《申報月刊》《東方雜誌》《新中華》《時事月報》等）對照來讀，這樣才能明白某一事件的原委。因為現在各報的國際新聞除刊載電訊外，甚少做輔助讀者的工作。

甚至人名、地名、國名，先前未能一律，亦有弄錯的（如蘇聯常稱蘇俄，其實蘇俄是蘇聯的一邦，不足以代表蘇聯的）。

第四，有系統的地方通訊或各省查調資料。

第五，評論。

第六，小品雜文。如今日：

《新聞報・本埠附刊》：（1）留蘭香糖之銷耗（本年六個月計二十二萬八千八百五十五元）；（2）看門職業經過。《茶話》：①稅警干涉人民購食精鹽；②耕牛押款；③異國的微行。

《晨報・本埠增刊》：疾病與醫藥（讀者醫藥顧問）。

《申報・本埠增刊》：上海第一託兒所停辦了。《自由談》：北平風光。《春秋》：兩位苦學的女工。

第七，廣告。如書報的預約與廉價的廣告、國貨新出品的廣告、藥物冒牌欺騙的廣告，以及其他公共機關團體的通告，都應隨時留意。

以上七種報紙，各有特色。可惜我現在很忙，僅選取今天一天的報紙，不能列舉各報的優點了。

除此七種上海日報之外，如天津《大公報》、新加坡《星洲日報》，內容都很充實，在大的圖書館中或者可以讀到的。

最後，我代表一部分讀者向報館請求的：

（1）篇輻越少越好。廣告設法縮小些（其實刊登大廣告是最愚笨的，讀者明知其為廣告，反而不看了），閒文雜訊越少越好，電訊應重行編過，藉以避免重複。因為以上徒佔篇幅的東西，對於人力物力，兩有損失，而且對於讀者，祇有損害，毫無貢獻。

（2）違背時代性的，內容又把握不住社會問題的舊式章回體裁的長篇小說，值不得提倡了。如無創作小說，還不如選譯歐美、日本的小說名著，如科學小說、教育小說，以及其他看了能增進知識的小說。

（3）評論務須選擇當日時事問題，並且希望同時刊登參考資料。

（4）讀者既處在學生的地位，希望天天在報紙上求得新智識，所以報館就是一個學校；希望報館先將圖書館充實起來，負起教育者的責任，引導讀者向着時代前進！

二三，十一，七，深夜

四、讀書經驗

我青年時代的讀書生活

蔡元培

　　我五歲零一個月（舊法算是六歲）就進家塾讀書；初讀的是《百家姓》《千字文》《神童詩》等，後來就讀《大學》《中庸》《論語》《孟子》等四書，最後讀《詩經》《書經》《周易》《小戴禮記》《春秋左氏傳》。當我讀《禮記》（《小戴禮》的省稱）與《左傳》（《春秋左氏傳》之省稱）的時候，正十三歲，已經學作八股文了。那時我的業師，是一位老秀才王子莊先生。先生博覽明、清兩朝的八股文，常常講點八股文家的故事，尤佩服呂晚村先生，把曾靜案也曾詳細的講過。先生也常看宋明儒的書，講點朱陸異同，最佩服的是劉蕺山先生，所以自號仰蕺山房。先生好碑帖，曾看《金石萃編》等書。有一日先生對一位朋友，念了"你半推半就，我又驚又愛"兩句話，有一位年紀大一些的同學，笑着說："先生念了《西廂》的淫詞了。"先生自己雖隨便看書，而對於我們未成秀才的學生，除經書外，却不許亂看書。有一日，我借得一本《三國志演義》，看了幾頁，先生看見了，說："看不得，陳壽《三國志》，你們現在尚不可看，況且演義裏邊所敍的事，眞偽參半，不看為妙。"
有一日，我借到一本《戰國策》，也說看不得。先生的意思，我們學
作小題文時，用字都要出於經書；若把《戰國策》一類書中的詞句
用進去，一定不為考官所取。所以那時我們讀書為考試起見；卽如
《禮記》裏面關乎喪禮的各篇各節，都刪去讀，因為試官均有忌諱，
決不出喪禮的題目；這樣的讀書，照現代眼光看來，眞有點可怪了。
我十六歲，考取了秀才，我從此不再到王先生處受業，而自由讀書
了。那時我還沒有購書的財力，幸而我第六個叔父茗珊先生有點藏
書：我可以隨時借讀，於是我除補讀《儀禮》《周禮》《春秋公羊
傳》《穀梁傳》《大戴禮記》等經外，凡關於考據或詞章的書，隨意
檢讀，其中最得益的，為下列各書：

　　一，朱駿聲氏《說文通訓定聲》。清儒治《說文》最勤，如桂
馥氏《說文義證》、王筠氏《說文句讀及釋例》，均為《說文》本書
而作；段玉裁氏《說文解字注》，已兼顧本書與解經兩方面，只有朱
氏，是專從解經方面盡力。朱氏以引申為轉注，當然不合，但每一
個字，都從本義、引申、假借三方面舉出例證；又設為託名標幟，
與各類謎語等詞類，不但可以糾正唐李陽冰、宋王安石等只知會意
不知諧聲的錯誤，而且於許愼氏所採的陰陽家言如對於天干地支與
數目的解說，悉加以合理的更正；而字的排列，以所從的聲相聯；
字的分部以古韻為準；檢閱最為方便。我所不很滿意的，是他的某
段為某，大半以臆見定之；我嘗欲搜集經傳中聲近相通的例證，替
他補充，未能成書，但我所得於此書的益處，已不少了。

　　二，章學誠氏《文史通義》。章先生這部書裏面，對於搭空架
子，抄舊話頭的不淸眞的文弊，指摘很詳。對於史法，主張先有極
繁博的長編，面後可以有圓神的正史。又主張史籍中人地名等均應

有詳細的檢目，以備參考；我在二十餘歲時，曾約朋友數人，試編二十四史檢目（未成書）；後來兼長國史館時，亦曾指定編輯員數人試編此種檢目（亦未成書），都是受章先生影響的。

三，俞正燮氏《癸巳類稿》及《癸巳存稿》。俞先生此書，對於詁訓、掌故、地理、天文、醫學、術數、釋典、方言，都有詳博的考證。對於不近人情的記述，常用幽默的語調反對他們，讀了覺得有趣得很，俞先生認一時代有一時代的見解與推想，不可以後人的見解與推想去追改他們，天算與聲韻，此例最顯，這就是現在胡適之、顧頡剛諸先生的讀史法。自《易經》時代以至於清儒樸學時代，都守着男尊女卑的成見，卽偶有一二文人，稍稍為女子鳴不平，總也含有玩弄等的意味；俞先生作《女子稱謂貴重》《姬姨》《娣姒義》《妒非女人惡德論》《女》《釋小補楚語笄內則總角義》《女弔壻駁義》《貞女說》《亳州志木蘭事書後》《尼菴義》《魯二女》《息夫人未言義》《書舊五代史僭偽列傳後》《易安居士事輯》《書舊唐書與❶服志後》《除樂戶丐戶籍及女樂考附古事》《家妓官妓舊事》等篇，從各方面證明男女平等的理想。《貞女說》篇，謂"男兒以忠義自責則可耳，婦女貞然，豈是男子榮耀也?"《家妓官妓舊事》篇，斥楊誠齋黥妓面，孟之經文妓鬢為"虐無告"，誠是"仁人之言"。我至今還覺得有表章的必要。

我青年時代所喜讀的書，雖不止這三部，但是這三部是我深受影響的，所以提出來說一說。

---

❶ "與"，當為"輿"。——編者註

談我的讀書興趣的轉變
——從文學到社會科學

柳　湜

　　無論做什麼事，都不能沒有興趣。沒有興趣，就是沒有活力，提不起精神，自然談不到做事的積極性。讀書也是一樣，自己不想讀書，被父母用鞭子驅進學校，比坐監獄還要難受，自己對那門學問無興趣，勉強去遷就它，會感到同床異夢的滋味，有苦說不出。打開一本書、一頁報，如果話不投機，你除看到白紙黑字外，你腦中還能留存着什麼呢？古今中外確實有許多好書，那些書上確實有許多眞理，又確實被一般人都認作應該去精讀的，但我請問能讀那些書的能有幾個人？卽會有些傻子去追求，又眞的能有幾人不被困難中途抱頭折歸呢？不錯，專靠什麼“應該怎樣”的大道理是沒有用處的，人總不能十分遵照這大道理作啊，不然，個個人都會學成“聖人”“賢人”了。我們明明知道做一個現在的中國人，應該有些世界知識，應該求得最低限度了解這一個世界的一些基礎理論，這些理論是過去我們先祖先宗數千年努力的結晶，這是值得我們去分別接受的，但我們心中雖嚮往之，總不能勇往直前的走去。心是愛它，却同時又不得不敬而遠它，何以故呢？是那些科學知識不易讀懂，自己對它不能生出興趣！

　　目前我就遇到這種現象。有位愛好文學的青年對我訴苦道：“我明明知道現在讀文學的人不能不有社會科學知識，不然就無從了解現實，去分析複雜的事象，但我對那森嚴的社會科學書，見了就生出畏心，一年也讀不完一本經濟學概論。這就該怎樣辦呢？"

是的，這位朋友在理智方面是接受應該研究社會科學，在興趣方面他却讀不進去。

這里所謂興趣問題就成為問題了。為什麼甲對於文學有興趣，乙却對於社會科學有興趣呢？興趣是否天生成的，永遠不變的？如果是可以改變的，我們設法將它改變一下，不是對於以上某君的矛盾就解除了麼？要如何去改變呢？

天下沒有什麼神祕的物事，興趣自然也不是什麼天生的東西。中國大多數人歡喜求神拜佛，並不是中國人比外國人身上多幾根佛骨，實在不過因中國的自然科學落後，產業不發達，交通不方便，和生活的貧苦，使大家對於現實完全絕望，於是愚昧無知的轉而向幻想中的來世求安慰了。某教授愛談考古或愛寫古文，不過因為他是世代書香，從小就看慣了銅鏡、漢瓦、線裝書，和過慣了斯斯文文的生活，習慣了古雅的談吐，同時到現在還有着明窗淨几，安適而又不愁衣食的日子，自然他們只愛彈老調子，看不起現在"凡俗"的東西。歐美青年愛好科學，是他們的社會經濟發達，科學成為生產上必要的知識，社會具有科學發達的一切的物質條件，所以環境也培植此種人對科學的興趣，頭腦中自然排去了許多神奇鬼怪，並不是一件什麼值得奇怪的事。至於中國目前一般的青年對於文學的興趣都比科學要高，這也決不是中國人的天賦比歐洲人不同，這乃是中國一向重文，同時又缺乏科學發展的條件的綠故。我們一想到我們可憐的社會，我們自幼小到成人，所受到的烏烟瘴氣的教育就可明白了。我們向文學方面去發展還有疑問嗎？

說到上面我們所提到的那位文學青年，他是一個小店員，從小就沒有受過學校教育，僅只在私塾中認識了一兩千方塊字。因為他的勤奮，利用了到說書場上聽書，同時參看說書場上的人所說的小說，於是使他獲得了看章回小說的能力了。以後呢？他偶然又從日報報屁股上找着一個新天地了，這一來他與新文學接近了一步，漸漸使他放棄章回小說去欣賞一切新作品了。我們知道，他這種努力是可敬佩的，但他因為沒有進過學校，史地、數學知識完全沒有，使他不能有接近社會科學的順利的條件，所以他的興趣的養成，是社會環境決定的。但這興趣就不能改變嗎？決不！卽就某君由章回舊小說進到一切新作品已是證明興趣是可改變的了，不是一成不變的。

我想就拿自己的讀書興趣的改變作為一個例子而來說明這過程罷！不過這轉變的過程是很值得玩味的。像某君自章回小說進入新文學的欣賞這過程是如何推移的呢？某君告訴我的並不多。從他那情形看起來好像有點是很自然的徐緩發生的，其實這過程的轉變，也可以取跳躍的方式的。

我七年前也與某君一樣是一個酷好文學的青年。自然，我也有與某君不同之處，卽我有比某君更好的生活環境。我當時的讀書態度是好讀書不求甚解，懶得去用心力，只想費很少的精神就能學得一點什麼。竟把文學看作懶人的專業，不必認眞去讀的，幼小時已經如何養成了好讀小說的習慣，這裏我且不必去說它。現在且從五四時代起作它一點回憶罷！

五四以後，我的眼界却漸漸放大了一些。我除讀《史記》《漢書》《離騷》《樂府》外，我也同時愛讀曼殊的詩與小說，魯迅的小品與小說，周作人、胡適等的譯品，以及《覺悟》《學燈》《晨報副刊》（當時北京的）之類的短小的文字。我在師範畢業那年，我涉獵範圍更廣了，我已將當時出版物上關於純文藝部分的東西幾乎全部吞下了。我對於文學發生了深厚的戀情，決定了自己研究文學。

有兩年光景，我埋頭在學文學，翻線裝書，同時也從英文方面，竊取了一些屠格涅夫、易卜生等人的著作，大概當時是以中國文學為體，西洋文字為用的態度，在胡亂的瞎鬧，並不是說，真的了解了什麼是文學及如何研究文學等的問題。

但那時我對文學的興趣總不能說不是熱烈的，我那幼稚可笑的行為，就可以拿來說明這個。譬如，當時漸有點看不起學理科的朋友，覺得他們總有點俗氣，更不大想到法科去看朋友，怕聽他們談做官，看報也不留意正張，寫家信也要寫得彎彎曲曲，令人看了生氣，其他的日常生活是不修邊幅與洋化並用，是帶着一半中國女人的酸氣，一半西洋頹廢文人的爛漫。自己的生活完全不像一個樣子。

我有時也在清夜的反省中，覺得有些無聊、厭倦，甚或自己看自己不起。但自己又覺得自己並不能學得一套比文學更難的科學。

在“五卅”運動前不久，我對文學的興趣漸漸就有點改變了。這當然要歸功于當時中國社會與政治的變動給與我們的影響。奉直戰爭的激變，孫中山先生的入京，多少刺激到當時在北平過和平生活的青年。那時對我的生活直接給我的當頭棒的人，却不是從南北上全國人景仰的孫中山先生，而是大罵“文學”，將線裝書丟到茅坑裏去的吳稚暉先生。我在一個集會中，親聆了他老人家痛罵青年的不長進要去學文學，尤其是要跟胡適之先生去整理國故，他還罵了創造社、文學社，他提出人家用機關槍來打我，我也要來學習製造機關槍，這些話，在吳老先生是早已說過的，不過這時它才對我發生反應，打動了我的生活，對於學問的興趣發生很大的懷疑。後來更在他的《茶客日記》中看見他大罵《洪水》，更使我對於文學生活一天天感到不安了。但是我將怎樣辦呢？我常常自己問自己。我一時並沒有得着解答。

在這前後不久的時間，我又受到了另一種刺激，那就是《京報附刊》忽然提出了青年必讀十本書的投票，而魯迅先生的主張是不讀中國書只讀外國書，依魯迅先生的意見，外國書是比中國書至少要少幾分鬼氣的。他雖不像吳老先生那樣反對青年讀文學，但對於線裝書却是同一的反對的。我在這次投票中得到一種啟示，我想先照魯迅先生的意見做去，我決計放棄中國文學的研究，從此多讀外國書。

這可算是我的讀書興趣轉變過程的開始罷！首先自覺有些若有所失，對於自己的前途，並沒一點自信。並且每日總有幾次矛盾的心理發現。龔定盦、黃仲則的詩集在苦悶時仍是自己知心的朋友。這時我受了一位嚴師的指示，當他問我放棄中國文學研究後，我預備學習些什麼時，我就毫不疑問的答道，我想專攻社會科學。他嚴肅的同我說，他不反對我。不過在他看來"興趣"的改變應先改變生活，不應太一時的感情作用了。因為只在生活的改變，我的觀念才能起突然的變化，不然如果只在意識上求改變，恐怕只能取徐緩的過程罷！我們知道，一個人要克服一種舊的嗜好，不能將舊的習慣估計得太少，雖然也不能把它看得太大。但讀書興趣的改變確是最難的，你要在不知不覺中潛移默化才行。我在他的教訓中，實行着他那緩緩走的主張。

我一方面自己有了一種意識的走向社會科學的努力，一面接二連三的受着五卅高潮的刺激，國民革命的醞釀，以及三一八鐵獅子胡同前的血的教訓，時代的實踐使我一天一天對於國內外的政治漸漸關心了。由這種對於實踐的關心，我才真的發覺自己可憐渺小與無知，對社會科學的理論的要求也更一天一天迫切了。

在這轉向的過程中，不能不感到苦楚。經濟學、政治學是那末森嚴的東西，並不像文學能與我一見傾心，融洽到相互忘形。我開始讀經濟學時，是時讀時輟的，我感覺到一種壓迫。我記得關於價值論戰老是讀不懂。因為我那時不懂方法，沒有讀過動的邏輯，我不會運用抽象的方法論。我只要❶硬讀亂碰，重復而又重復的蠻幹。後來因為讀到一部經濟思想史，偶然翻閱某一個作家的傳記時，使我獲得了一種重要的發現。我覺得，從傳記中我可以獲得研究某一學派許多可寶貴的方法。我在一個短期間，差不多一切其他的書都停止了，專門找社會科學家、自然科學家、革命者的傳記來讀，一共讀了好幾本。我在這些書中，不僅使我對於真理的追求生了信心，並且也增長了不少的修學的方法與效力。當時我這種讀書的方法似乎純是出於自然，但現在回想起來，卻也未必。因為我從文學走入社會科學，這兩種東西的興趣顯然有一定的距離的。我偶然拏了一本傳記就那麼傾心，正是因傳記本身就是一種文學作品的緣故。同時它一方面又是一部信史。所以它做了這兩種不同的興趣間的橋樑的一個鐵證。我從這里，想到我可以循着這條路再往歷史的方面走去，因為先多知道一點史實無論對於研究經濟學、政治學都是有必要的。我於是開始找到了一小本觀點較正確的世界史（就是柳島生譯的那本《世界史綱》），繼續又讀了幾本各國的革命史、科學發明史、產業革命史等，我讀了這許多書後，我更想了解現實了，更注意到現實壓在我們頭上的社會問題，更對社會運動、社會學說都發生興趣了。我喜歡看關於這類東西的現實的紀載，同時我也愛尋找過去的史績，但我這時只是亂七八糟的去攝取現在和過去的一些研究材

❶ "只要"當為"只有"。——編者註

料，雖然還談不到系統、深入的研究，却豐富了我對人生的經驗。啊呵！我發覺了自己沒有理論，不能看出各種社會現象的發生、成長及滅亡的聯系。我只看到一株的樹木，我不能領悟偉大的森林的富麗。

停留在這一段時期並不長久，我的興趣就不知不覺從比較具體的知道，漸漸走到較抽象的方面去。我對哲學發生極濃厚的戀情。哲學雖然很艱深，但不像經濟學的枯燥，所以我的讀書興趣從純文藝的作品而傳記而歷史再進入哲學，確是按照這座橋樑的石磴一磴一磴的摸着走，是不知不覺的移動的。

在這裏，才使我知道我的腦袋過去是如何的不會想事，過去是如何的糊涂啊！當我剛剛踏進哲學之宮，我就發現了自己有點冒昧，原來我是空手跑進的，我研究哲學的工具還不曾完備呀！我感覺自己急需趕上去學經濟學，並且還要對自然科學現代發展的成果有個大概的了解。所以我並不妄想登堂入室，祇取得了一個較明確的概念我就轉入經濟學的研究。

我灣❶了這樣的一個大圈子，又再拿起"價值論"來讀。這時我對它不要逃避了。但登時我又發現，我的學力還不能往經濟學方面深入，要研究經濟學也須得對其他科學有了一點初步的了解才行，我這時對於讀書的路線大致可說是摸得一點。我認識各種學問的關聯、作學問的虛心，我決定對經濟學也不想馬上就作深入的研究，只求獲得一個明確的概念，我又轉向政治、法律、宗教、教育、藝術各領域去了。大概在四年的光景，每天讀書時間約六七小時，我在社會科學各重要部門走馬看花了一遍。自然，我尚不能稱作懂得了一些什麼，但讀書的興趣確是到此養成了。這時我對社會科學的

---

❶ "灣"今作"彎"。——編者註

興趣完全取得昔日對文學的地位。

這一過程的開始到在社會科學各部門內旅行了一週，剛剛是本文要說的興趣的轉變的過程。所以關於這一過程的每一段落，我想另外寫成專篇，在這一過程終結後，我重新開始的新過程，卽對於社會科學內某一部門的深入的研究，因為到目下止，我還沒有較滿意的成績可說，也暫時且不談它。

現在回顧我幾年來自己走的道路，雖然很是愚笨和緩慢，卻是頗合邏輯的發展的。我深信興趣之對於讀書，關係實在重大。我能一步一步的向前走去，不敗退回來，是我能有積極性。這積極性的來源，固然也可說是由於社會的外力催促，但同時也正是我在這一過程的每一小段中，我能抓住自己興趣發展的一環。前一環它又構成了推移到後一環的發展的條件，於是一環一環的我得通過了許多困難，而自己反不覺得苦惱。在另一方面，我覺得從文學而到社會科學這條橋樑，確被我建立了。但我同時要伸說的，我雖永遠保持了興趣，但這過程並不是眞的和和平平自然而然達到的。這過程仍是我的奮鬥的結果，是由無數的抗戰，無數的小的突變的連續而作成的，並且還是意識的努力的結果。我決沒有一點不謙虛的意思，我覺得我的積極性雖然是由社會環境的決定，有社會根據，但如果我不能正確的把握進程的賓踐，而社會的影響仍會對我是無用的。我最後獲得的也許只是一種沒有實現的幻想也說不定吧。

我想把這一點經歷進獻給一般對社會科學有研究的心向而又缺乏興趣、畏難不前的朋友。但我決無一點輕視文學的價值，我現在覺得研究文學也決不是比社會科學還容易的事，因為研究文學同時就不能不研究社會科學，至於興趣的養成，以上所說的大致總不能認作毫無裨益的閑言罷。

　　不要忽視研究的興趣，我們知道一個嚴父每每不能說服一個頑強的兒子，却常常被慈母的溫言所感化了。慈母不能說服的事，也有被自己的嬌妻的眼淚一哭就什麼都屈服了的。一開始能讀社會科學固然很好，如果一定要聽聽慈母的溫言，看看嬌妻的眼淚，你就從文學一步一步的緩慢的走罷！

如何讀書

陳彬龢

　　我的朋友李公樸先生創辦一種刊物——《讀書生活》，希望我在創刊號上寫篇文章。我想"讀書生活"狹義的解釋，似乎就是"學校生活"，於是我對李先生說："我是只有片段的'學校生活'，沒有資格來寫這一類文章。"他答道："我們的'讀書生活'，不是像一般的狹義解釋，祇要一個人不是文盲，便有他的讀書生活。所以就請你寫一篇'讀書經驗談'吧！"

　　現在我開始寫幾段我的讀書感想，貢獻給一輩青年朋友，不敢叫做"經驗"。

　　我十一歲（一九〇七年）的時候，父親在那年夏天死了，那時我在蘇州元和高等小學讀書，離開畢業只有半年，因為家境困難，便中途停學了。我打算在一個新式的商業機關中做個學徒，來養活我的母親：那時恰恰有位姓朱的親戚來弔我的父親的喪，看見我們母子的生活萬分困難，他就對我母親說："二官（我的小名）還是到公司去做個學徒罷！"我早知道他在上海某公司做事，很適合我的希望。（那時舊式商店都叫"號""莊"，"公司"二字就是新式商業機關的名稱。）我的親戚又對我說："我們公司裏各種貨物都有的，你就跟我到上海去吧！"那時聽了他的話，我又想着：這個公司規模一定很大，因為各種貨物都有的。我便收拾了最簡單的行李（一隻火油箱改做的箱子），跟他到了上海。那公司叫做"大陸轉運公司"（早已停業了），地點就在北火車站對面，公司的房屋祇有一幢二樓房屋。進了公司的門，看不見一件貨物，我便問我的親戚："貨物在那裏？"他答道："堆在那邊的棧房裏。"他牽着我的手踏出公司大門，指着西頭那座大棧房（這所棧房已在"一·二八之役"中毀壞了），當時我很是快樂，便開始我的學徒生活了。日常工作是：早晨第一個起身，打掃全部房屋，預備茶水和先生們的洗面水，伺候吃飯，每晚深夜先生們吸鴉片，我便在洋風爐旁預備他們吃的夜點心，這些瑣碎工作之外，還要到鐵路局的棧局裏去發給苦力搬運貨件的籌子。做下二個月以後，我覺得學不到什麼本領，恰巧在中秋前一天為了幫助一位苦力搬運一件笨重的貨物，壓傷了一隻腳，我便在中秋那天私自逃回蘇州了。

回到了蘇州，母親對我哭着，我也對母親哭着，毫無辦法。我祇有一條路可走：去懇求我的第一位恩師——元和高小校長潘振霄先生。他勸我繼續讀書，竟免去了一切費用，同時每天課暇做二小時工作，抄寫講義或是油印講義。到那年年底畢業後，仍在母校服務了一年。這裏我要謹告一輩青年朋友，"半工半讀是最有意義的"。許多青年拿了父兄的汗血錢或是靠了家傳的遺產，一帆風順的從小學讀到外國大學畢業，拿了博士、碩士的頭銜回來，結果，為什麼對人類對國家社會毫無貢獻呢？其原因，是處在這樣惡劣的環境裏（一般人或說是好的環境），根本不能了解真正的讀書生活，根本不會懂得人生的意義！

× × × × ×

我在十八歲的時候（一九一四年）開始了我的教書生活，那年夏季，母親介紹我到哈同花園倉聖明智小學教書（母親先在倉聖女校任職），當初說好担任小學的算學、英文等課目，月薪五元，可是那時一位姓范的教務長故意與我作難，硬要我担任國文，課本選定了《孝經》。《孝經》我從來沒有讀過，當時為了生活問題，祇能欺騙我的學生，大膽的担任了。那位范教務長時常來監督我上課，偶然碰到我在講台上讀錯了字母或是解釋錯的，他毫不客氣就在學生面前罵我。幸而遇着兩位同事：一位是張占先先生（已經死了），一位是胡小石先生（現任中央大學國學系教授），他們時常在上課前糾正我的錯處，因此我讀懂了《孝經》。這裏我又要謹告青年朋友："一面讀一面教（不一定是教學生，把我讀的書教給一個朋友亦可），是澈底明了書中意義的最有效的方法。"最近我的朋友陶行知先生發明了一種普及教育的捷徑辦法，利用小先生——小學生空暇的時間把自己讀的書轉教給不識字的人，我想這輩小先生的成績一定比先前受灌注式教育或是祇知接受先生所教，不知怎樣運用自己所學的小學生好得多吧！說到這裏我又忽然想到我的老師陳援菴（垣）先生說的一句話，他說："我對於學術上某幾個問題有些研究了一二年之久，所有心得，對學生講授時不到一兩星期便完了；現在一輩留學生留學時期短的只有二三年，長的也不過十年，返國後則忙於應酬，無暇讀書，他們怎能在大學裏每星期教授廿餘小時，教一輩子的書呢？"所以我主張非但學生應一面讀一面教，做教師的更應一面教一面讀。不讀書的教師，也就是停住了脚步不向前進步的教師，這種教師，學生們應竭力的反對。

×　×　×　×　×

一九一七年（民六），我在哈同花園認識了我的第二位恩師喻志韶（長霖）先生，那時他為了反對溥儀復辟與一班遺老們主張不合；復辟終究失敗了，他因此氣得病了，借住在哈同花園休養。他是前清的榜眼（狀元次一名），當時我最迷信什麼舉人、進士，所以時常親近他，承他的好意勸我多讀些古書。不久，浙江省政府聘他做浙江通志局（地點在杭州）提調（類似局長的名義），我因為受不住哈同花園買辦兼倉聖學校校長姬佛陀的侮辱（他是伺候滿清王府的專家，是個精通叩頭、打扦、請安等儀禮，滿口忠孝節義的人），承喻先生照顧，帶我到通志局做書記，後來升任校對。隨着喻先生住在西湖邊浙江圖書館，讀了許多古書。當時喻先生把該館所藏的《四庫全書》子部都讀完了。（我還記得他讀到錯字，必用小紙條標明，粘在書頭，不知現在還保存否。）我又看見了很多珍貴的碑帖，專心學習寫字。我寫過鐘鼎、小篆、隸書，三年中從無一日間斷。在這期間，我認識了很多舉人、進士、翰林，得到向沈子培、康南海、朱古微、李梅菴諸前輩請教學問的機會。那時我變成了一個極端復古的老少年了。我記得當時非古書不讀，非古字不寫（與朋友通信時，信上必須寫很多古字，希望朋友接到我的信後，必須查了字典，才能讀懂），僅僅沒有把髮辮重新留出來而已。

後來通志局要結束了，有些朋友勸我懇託喻先生謀一個縣長，因為喻先生不很願意與督軍、省長們來往，我又不願做"民國的"官，就此作罷。喻先生就勸我進之江大學讀"外國書"罷。幸而通志局的事很閒空，我就考進了之江。可是當時正是新文化運動崛起的時代，學校裏如有演說或辯論各種現代問題時，我必定站在最反動的地位。他們主張白話，我卻主張古文，遇到有演說的機會，必要宣揚孔孟的學說。那時除了一些"遺老""遺少"贊成我的行動以外，青年朋友都把我看作"活死人"。這裏，我又要謹告青年朋友："一切違背時代潮流的工作——不僅是讀書——結果必歸失收的。"

×　×　×　×　×

一九二一年（民十），我在北平認識了第三位恩師陳援菴先生（現任北平輔仁大學校長），那時他創辦了一個平民中學，自任校長，約我担任"學監"。我便乘此機會跟他讀了三年書，學得了很多搜集資料和讀書的方法。這是我讀書以來最有進步的階段。他是現代我國最有權威的史學家，雖然他的著作國人很少知道，可是英法等國的學者，尤其是日本的學者對於陳先生的著作十分重視和欽佩的。他的治學方法簡單說來：是廣博，是精細，是不苟且，不說空話，事事都有來歷，事事持之以恆。當時他在燕京大學講授中國基督教史、道教史等課，我便在燕大做旁聽生，每次上課要發給學生的二三十頁資料講義，搜集資料和抄寫講義等工作都歸我做。他是不怕辛苦的人，所以我也時常整日整夜跟着他做事。如果我寫錯一個字，他也不答應的，必須重新寫過。他能發現一切古書上的錯誤，他推算歷史上史事的時日最為眞確。我認為陳先生是國內最精細的學者，最能運用科學方法的學者。這裏，我又要謹告青年朋友："讀書必須有絲毫不苟且，事事有根據的精神，必須時時發生疑問，每一問題必須追究到底。"

×　×　×　×　×

一九二六年（民十五），我認識了馬相伯先生，今年他已九十五歲了。在過去的八年中間，每月我必訪問老先生多次，每次見他，除了有病，他或是讀書，或是寫文章，或是翻譯外國文，決不偷閒，老年好學，再沒有比過馬老先生了。假使現在一般社會領袖，都能偷閒讀些最普通的書報（當然有少數領袖很愛讀書的），其思想決不會落伍到如此可驚的地步。這裏，我又要謹告青年朋友："讀書並不規定一定的年齡，並不指定一定的場所；隨時隨地都可讀書，利用閒暇來讀書是最有意義的!"

×　×　×　×　×

一九三一年（民廿）六月，我加入《申報》服務，天天看見新聞上最多的總是"匪"的消息。那年秋季長江流域又發生大水災，目睹慘絕人間的情狀，又遇到"九一八""一·二八"空前的國難，受了許多刺激，深感民族的命運，日益危險，實在寫不出"粉飾太平"的文章，因此少數朋友都硬說我是"左"傾分子。其實我並沒有讀過很多社會科學的書籍，也不懂什麼"左"和"右"的分野。這些擺在眼前的"現實"，我要追究它發生的緣故，要求它解決的方法，不知不覺的發生了這些"觸目"或"逆耳"的呼聲。這裏我又要謹告青年朋友："為讀書而讀書或是為享福主義而讀書，更或為了消遣而讀書，都是沒有意義的。我們必須要在我們生活的社會中，天天接觸現實問題，更進而研究其原因，並謀解決現實問題的方法而讀書，這樣纔有意義。"

×　×　×　×　×

話說得太多了，現在我再提出幾點貢獻給在學校或不在學校讀書的青年朋友：

（1）文字是一種發表意見的工具，祇求能把自己要說的"真"話寫出來，使人看了能明白，已經夠了。不是人人都能做"文學家"的，所以不必白費了太多的時間來作文字的雕琢工作。

（2）現代的讀書工具，僅僅只有一種本國文字是不夠的，所以至少要懂一種外國語。

（3）要有廣博的常識，更需要一種專門的學問或技術。

（4）未來的新中國最需要的是科學家，國學專家愈少愈好，所以今日的青年實在沒有閒空去讀古書，讀經更要不得。有人說讀經可以養成國民的優良人格，甚者更說可以復興國家，我看來恰恰相反。國家要訓練一個優良的國民，或是一個青年要做一個盡職的國民，決不在乎讀經或讀其他古書。滿清末年的許多亡國大夫、貪官汚吏，那一個不是滿腹經史？反之中山先生和一輩革命烈士大都沒有研究過"經書"，可是創造了中華民國。至於讀經幫助文字通順，也不盡然，我看見前清很多舉人、進士、翰林，祇能做富麗堂皇的八股詩賦，而不能寫一封辭能達意的文字清通的信札。

（5）閒書少讀（不論新舊），與我們有切身關係的自然科學、政治、經濟、社會等問題的書報，必須多讀。

其次，我要介紹幾種在任何圖書館中都可看到的流行刊物。

（1）日報：《大公報》。

（2）定期刊物：《申報月刊》《中學生》《新生》《世界知識》《時事類編》。

特別要介紹給青年朋友讀的：就是胡適之先生的近作《寫在孔子誕辰紀念之後》一文（在《獨立評論》一一七期發表），這是胡先生自提倡文學革命後有關時代思潮而最有價值的作品。

最後，我敬祝《讀書生活》長命。（不必高呼萬歲，却希望不致夭折！）並希望編輯諸先生能與讀者打成一片，使《讀書生活》成為青年們最理想的讀物！完了。

我的讀書經驗

陳子展

從來的文人自述，不是誇祖上怎樣好，就是誇自己怎樣的天才，好像只有他們纔配讀書作文。自然，像屈原、曹植之流，他們出自貴族，誇嘴不會顧到自己臉皮的厚薄。記得班固在《漢書・藝文志》里說的古代學在王官，雖不夠說明周秦諸子的學說思想出于王官，可是周秦以前只有王官纔配講學問，小百姓和學問不相干，大約近于事實。本來要解決腦的飢荒問題，最好先就解決胃的飢荒問題，其次纔能講到選擇師友，纔能講到備辦文具書籍，纔能講到安心讀書、用功。以小百姓所站的地位，子弟想讀書，就得依靠遭逢偶然的意外的機會，而且須要眼明手快，捉住這個機會。不能，你有子弟就休想和貴冑世家、豪商士儈、巨賈地主的子弟，在學問上爭個短長，爬到他們那樣的地位。過去是這樣的情形，到了今日還是一樣。——其實不如說，還要比從前更壞。你看目前的貧苦子弟連進小學識字的機會都沒有，還容易有機會給他們進中學、大學乃至留學國外麼？在這個社會裏，學問完全是商品，只要你肯努力，只要你會投機，那就愈有本錢愈容易買到學問，學問愈好愈容易掙到地位。學問也像財富一樣，完全被少數人壟斷，貧苦的朋友就在這樣的經濟情況之下，活該永遠站在不利的地位，連子孫也難有翻身的日子了，可真是他們祖墳葬得不好，祖上不曾積德，或者八字不好，骨相不佳，只怪得自己的命運不濟麼？不過現今也有比從前好一點的地方，就是交通愈見便利，印刷術愈見進步，報紙書籍的流傳，比較從前更覺容易了，只要是有覺悟的貧苦子弟，隨時尋找識字讀書的機會，用非常努力自修的功夫，也可以彌補一點不能跨進學校的缺恨。所不得不引為缺恨的，只就是能讀文學或社會科學一類的書，而且只能讀中文。倘若要研究科學就非得進學校，到實驗室，以及公開的研究機關，拿玻璃管，看顯微鏡，或者利用其他的器械、材料等不可。這個只能讓給有福氣從小就按步就班的入正式學校，讀到大學或專門學校，乃至留學外國的洋學士洋翰林了。因為不幸這個社會裏的讀書機會難得，我還算是不幸中之大幸，要我說出那種頗不愉快的讀書經驗，我也還是願意的。

我是生在一個快要沒落的小地主家庭。雖說生地在湖南比較民智稍開的長沙，只因是在偏僻的西鄉，不到辛亥革命，我不會跑向一個市鎮——靖港，入高等小學。這個時候，我已讀過六年私塾，四書、五經之類早已讀完，多謝偷看過《三國》《水滸》一類的小說書，學做文章還算容易，不過一年就在私塾吃過“成篇酒”，千字左右的文言文，勉強寫得成篇了。當然我在這個小學裏算是高材生，同學如郭某，比我年齡小，他却自恃聰明，以諸葛孔明自命，後來做了時代的犧牲者。又有熊漢光（子容），後來得到教育部長易培基的幫助，以官費留學美國，如今成了教育家、大學教授。我在這小學讀了半年，民國二年春季考入了長沙縣立師範學校。論理，我是考不上的，一則那天我誤了考期，從家裏徒步九十里，冒着風雪，晚上纔跑到學校。二則我的英文、算術、格致（自然科學），根木沒有什麼。幸而校長徐特立先生是由貧苦力學出身，考取學生不拘常格。他那一晚上準我這個赤腳踏雪的小學生補考，題目是“雪夜投考記”，我僅僅做了這篇文章，其他試題都交白卷，過了三天發榜，我也居然取錄。

　　我在這班裏，年齡比較還是幼小的，只因國文勉強得過去，就遮飾了其他功課的馬馬虎虎，覺得沒有什麼趕班不上。又因身體瘦弱，常常頭痛眼花，住療養室的日子特別多。在入校的第二年，又被很頑劣的擺子鬼所纏，醫生（國醫也！）診治不好，就說有鬼，我只想下鄉避鬼。誰知這個"鬼"很不容易避開牠，起初牠是隔日光臨一次，後來改到三五日一次，十日或半月一次。勉強扶病回到學校過暑期考試，就又還家了。從此這個鬼半月來一次，或一月來一次、兩月來一次不等。這樣，繼續到第三年的上學期，我已骨瘦如柴而無人色，風吹要倒了。還是靠紅十字會醫院醫生給我服金雞納霜丸纔醫好的。這個時候，我的功課做得更馬虎，可想而知。恰巧有一個同族兄弟，名叫高林，和我同班，有人問他我的功課如何。他說我自甘下愚，沒有長進。先父聽到了這話，回家告訴我，一面看我病骨嶙峋，一面又覺得我的學業前途無望，禁不住失聲哭了。那時我又惶恐又慚愧，也哭倒在病床上。想起那時父子對泣的情景，至今還好像歷歷在目。先父去世已久了，而我的不長進、沒出息，和當年沒有兩樣；辜負了慈愛的教育，辜負了嚴明的庭訓，我是如何的惶恐、慚愧、痛心呵！

　　在師範的第四年，病已好了，只身體瘦弱還是和從前一樣。稍稍用功，功課頗有起色。從此以後，學期、學年考試，總是我和陳自耀、陳會賢輪流在最前三名，一時並稱"三陳"。記得在全校三四百人國文會考，我也可以跟在前兩班的王啟龍、田壽昌、曹伯韓、黃芝岡諸君之後，列在前十名了。一般忌刻我的同學，替我安上了許多小名，如"癆病鬼""鴉片烟鬼"之類，誰知道現在我會胖起來，並不會病死或被人咒死呢！

　　我本來是從私塾出身，早已讀熟過四書、五經之類，自己又看過《資治通鑑》《文選》《四史》《十八家詩鈔》《古文辭類纂》一類的書。同時還曾學做過"破、承、起、講"以及"策論"式的文章。這時到了學校，教我們國文的教師，是前清舉人劉汝華先生。他的詩古文辭做得很好，屬於桐城派。我對桐城派、湘鄉派的古文有好感，曾把《曾文正公文集》讀得成誦，當然是受了這位先生的影響。後來又有易寅村（培基）、易白沙兩先生教我們國文、文學史、文字學等功課。寅村先生為我們開了一個簡而精的國學書目，叫做"國學淺言"，記得這比後來胡適之、梁任公兩先生開出的國學書目，還選得精當些。我所以對于歷史考證，感到興趣，那時胡亂的翻閱了戴、段、二王、俞、章幾位樸學大師的幾部書，不能不說是受了兩位易先生的一點影響。何況前校長徐特立先生是一位力學苦行的教育家，後校長姜濟寰先生是一位長于政治的史學家，提倡讀書，給予我們的治學上、做人上以不少的有益的啟示。只因我的天分太低，又不肯十分努力上進，辜負了父母的期望，辜負了師友的輔翼，至今年事不小，而百無一成，真是不勝慚愧感傷之至了！

我在這個師範學校畢業之後，家裏雖然不十分希望我賺錢吃飯，可是也沒有力量叫我繼續升學。眼見許多同學在國內進了大學或高師，田壽昌、王啟龍、楊正宇、李作華諸君先後東渡留學，我却不能不以弱冠之年教書，心裏不免悵惘、徬徨，羨慕他們的幸運。於是把收入的薪金，用在搜買舊書上面，同時翻閱了許多僻書。並常從徐特立先生、易寅村先生問學。這兩位先生藏書不少，我曾借讀了一些。這時讀到程朱的遺書，很感興趣，我的迂腐氣就更是進一些了。

說到我的迂腐氣，我不能忘記我們的倫理學教師楊昌濟（懷中）先生。他是長沙的一位名秀才，曾在東京、倫敦留學多年。後來他

到北京大學當教授，因冷水浴得病而死。記得他發給我們的倫理學
講義，有一篇是講人之氣質的。他說人之氣質：有英雄之氣質，有
豪傑之氣質，有聖賢之氣質。那時他在湖南省立第一師範學校教書，
也是用的這一講義，於是學生毛某儼然以豪傑自居，同學們就稱他
"毛豪傑"。在我們學校裏，田壽昌曾於辛亥年曾做學生軍隊長，英
氣勃勃，算是我們同學裏的一位特出的英雄。我呢，因為早讀舊書
的緣故，不免有點迂腐，頗想借讀書變化氣質，走希聖希賢一條路。
"不為聖賢便為禽獸，莫問收穫但問耕耘。"我寫了曾文正的這幅對
聯，貼在座右。至今說來，當然好笑，但我當時受了一位平日敬重
的教師暗示，就不覺得像煞有介事的妄想那麼做，一般同學叫我
"老八股"，也就笑罵由他笑罵了。

我所以能夠由中等學校出身就到中等學校去教國文課，不待說，
是我頗像一位老先生。至于我入國立東南大學讀書，那是受了"五
四"運動的刺激，纔發狂熱似的躁動起來，跑到南京。學的是教育，
頗留心於心理學一科，結果出來教書，還是國文、歷史之類，人家
總以為我於所謂國學有什麼深嗜篤好，我也就只好一天天鑽到故紙
堆中去了。

因為一九二七年中國革命的局勢的急劇變化，我感覺政治這東
西真是瞬息萬變，又覺得教育與政治不可分離，像我這樣的性格，
根本不宜從事政治活動，就於那一年秋季離開了長沙的教育界來到
上海。第二年夏天我寫了一部《中國近代文學之變遷》，由左舜生先
生介紹在中華書局出版，舜生又介紹我為太平洋書店寫《最近三十
年中國文學史》，這就是我靠寫文字騙飯吃的開端了。我是一個書獃
子，不肯靠政治吃飯，這一意見寫在《中國近代文學之變遷》的序
文裏，如今將近十年，還沒有改變。將來怎樣，或許說不定。倘若

我的文字果然可以長此騙得一些粗飯吃，我當然以我現在這樣的低廉生活為滿足，一直活下去。雖說吃不飽，可是餓不死，在無數的不幸人羣裏面，我不算是很幸運的麼？何況旣已做了四五個孩子的爸爸，不妨誇張的說，為了人類，為了社會，這一副慘苦生活的重担，我還是要義不容辭的擔受下去呀！

一九三五年六月三十日

我的讀書經驗

吳耀宗

我從小就喜歡讀書；從學校畢業以後，在社會做事的年數也不算少，但從來沒有離開過書本。所以，讀書已經成了我的一種習慣。在學校時候所讀的書，我不去談它，因為那是被動的，也是沒有多大意義的。我現在所說的是我個人讀書的經驗。

我讀書的第一種經驗是學問的聯繫性。我最初研究的是宗教，但因為研究宗教，便不能不研究一點哲學和心理學。後來又覺得這些部門的學問和許多其他部門的學問如經濟、政治、歷史、自然科學，——我向來很不喜歡的東西，都有密切的關係，我對它們也不得不稍微注意到。這樣，問題就來了：我能夠讀書的時間本屬有限，而我覺得要看的書實在太多。於是我便不得不嚴格的選擇；某部門的書，我只能大略的瀏覽一下；某部門的，我有了相當的把握，便要適可而止；某部門的，我是要精深的研究。然而，在我，這也就很不容易，因為我向來有一個喜歡尋根問底的僻性，對什麼事都喜歡有個澈底的明白。這樣，愈想深刻，就愈要廣泛，愈廣泛，似乎就愈不能深刻。直到現在，我還不得不盡力約束我自己，以求解決這個矛盾。

我讀書的第二種經驗是知識的解放性。起先，我把世界上的問題看得很簡單，很容易，以為我所有的一點知識，已很夠用；後來，多讀了一點書，反把一切的問題看得很複雜，很困難，因為各人的意見是這樣的紛歧、這樣的矛盾。再說研究宗教這一點來說，我對於宗教的信仰，起先覺得很有把握，以為我所相信的都是合理的，因而有點入主出奴的態度。但後來，看見許多關於宗教的各種不同的派別和學說和反對宗教的理論，便對宗教發生了疑問，又因為對宗教的歷史、心理、哲學各方面有了一點研究，對宗教的觀念，也有了不少的變化。在這個時期中，又頗有徬徨歧路，無所適從之感。但我還是繼續的思想，研究。到了一個時候，我忽然得到一種"豁然貫通"的感覺。我覺得我明白了宗教的所以然，我覺得我能分別什麼是宗教的精華，什麼是宗教的糟粕；我覺得我了解宗教的知識和其他知識的關係。自從有了這種新的認識以後，我對於反對宗教的論調，有些很能同情；有些覺得淺薄，可笑；同時，對於那些狂熱地擁護宗教的人，我也有同樣的感覺。還有，我從前看作洪水猛獸，認為與宗教絕對不能相容的某些主義、某些學說，我現在也能看出它們的意義，它們的價值，和它們與宗教基本相同和不同之點。這些，在我個人思想生活的過程中，我覺得是一種解放，而我認為幫助我得到這種解放的是我所始終勉力保持着的虛心和求真的精神。

我讀書的第三種經驗是讀書和實際生活的關係。因為我所喜歡研究的是哲學、神學這一類抽象的東西，所以很容易犯想入非非、不切實際的毛病。後來我稍稍涉獵一點社會科學的書，我知道就是在這一部門的學問裏，這一種危險也並沒有減少。比如說，我相信社會應當根本的改造。在理論上，我能為這個題目講出一大篇好聽的話，但我對於社會實際的情形，究竟有多少的認識？就是有了若干的認識，我所主張的方法，是否能夠應用到實際的問題上去？還有，我自己的生活，是否與我的認識不致背道而馳？這些問題和我書本上的知識，都有密切的關係，而我覺得很容易把它們忽略。我還感覺得一種需要，那就是把我自己的見解向那些思想比我更清楚，經驗比我更豐富的人請教，常常因為這樣，我便發見我的知識的缺乏，和思想的錯誤。演講和寫作於我也是一種很好的訓練；一方面它們逼着我去讀書，同時在我講作的時候，我的思想便得到一番洗刷與整理，而聽者與讀者的反應，更使我的思想得到一個接近實際生活的機會。

我讀書的第四種經驗是忍耐與恆心的需要。有時我拿到一本要看的書，因為它的頁數很多，便有點膩煩，把它擱起，想等到很空閑的時候才看它，結果一等便是幾年，甚至永遠把它束之高閣，而有時候決心開始看下去，一天只看一點，在不知不覺之中，全書不久也就讀完。從這一點我便想到利用零碎時間的重要。那怕每天只有一小時或半小時的空閑，那怕這一小時或半小時是若干片斷的時間所粗成的，只要我肯沒有間斷地把它利用，在日積月累的努力中，它便有意想不到的結果。一本書是這樣，推而至於一門學問、一種學說，也是一樣的。最難的是在起頭的時候，只要摸着了門路，立下基礎，興趣也就增加，進行也就順利，從前認為不可能的事，現在也就不會感覺危難。這都是要用恆心和忍耐去爭來的。

以上幾點不算什麼心得，不過是我從經驗得來的，拿來勉勵我自己的幾種思想而已。

一個 "知識界的乞丐" 的自白

徐懋庸

　　現在的情形也許已經不大相同，在十年以前，則讀書人還是 "人上人"，而且中學生在小學生之上，大學生又在中學生之上，階級劃然，在上者是可以驕下的。

　　我於十三歲的那一年，在小學裏畢了業，因為家貧，不曾進中學讀書，在家裏幫父親做些手工，閑時也借些書看。書的借處，是吾鄉幾個熱心教育的小學教師所創辦的圖書館。這圖書館設立已久，我在十歲的時候就開始從它借些《征東傳》《征西傳》《三國誌》《水滸》之類的章回小說看，到這時候，則已在借閱古代的詩文集子和新文學的書報了。看了這些書之後，我自己以為能夠懂，所以也喜歡談論。但在平時，談論的對手是沒有的。待到年終放寒假的時候，許多在外面中學裏讀書的舊同學、同鄉，我就高興起來，以為可以跟他們談談了。

　　那一年正是泰戈爾得諾貝爾文學獎金的一年。有一位中學生的網籃裏，便裝着許多泰戈爾的作品的譯本。我是也曾在《小說月報》上看過幾篇介紹泰戈爾的文章和泰戈爾的作品的譯文的，所以我就對那位中學生談起泰戈爾，問他對於泰戈爾的作品的意見如何。不料他聽了我的問話之後，並不答覆，反而白着眼問我道："泰戈爾？你知道泰戈爾是那一國人麼？"

　　"這是我知道的，他是印度人。"

　　"對了，印度人，但是你知道他叫什麼名字麼？"

我其時還不曾知道外國人的姓名的分別，以為"泰戈爾"就是泰戈爾的名字，所以說道："他的名字不是叫做泰戈爾麼?"

"哼! 不是的。他的名字是 Rabindranth，Tagore 是他的姓。他姓 Tagore，Ta-go-re，泰戈爾就是 Tagore 的譯音，但是 Go 譯作戈是不對的，照英文應該念作 Ta-go-re。照這樣看來，可知中國的翻譯之靠不住了。Tagore 的作品翻譯的都是不對的，我們要欣賞他的作品，非讀原本不可。"

被他這樣一說，我完全氣餒了，不敢再同他談泰戈爾。我連泰戈爾的姓名都弄不清楚，"戈"字又念得不對，所讀的作品又只是不可靠的譯本，那里配談呢! 聽他的口氣，他一定是讀過 Tagore 的原本的，但看他的神氣，似乎對我已很輕視，不屑跟我談，卽使請教他也徒然了。

我垂頭喪氣地離開他之後，第一次深深地感到家貧不能升學的悲哀。譬如那位中學生，在小學的時候本是和我同班的，而且成績還在我之下，國文、英文兩項，和我尤其差得遠。如今僅隔半年，只因為他在中學研究，我却在家自修，就反而遠不如他了。若再隔兩年、三年，那不是要天差地遠，我將愈加被看不起了麼?

又隔了半年，我果然受到另一個中學生的更大的侮辱。

我對於十年前吾鄉的一批小學教員，實在非常佩服，他們對於教育事業的忠實和努力，遠非現在的辦者所能及。他們於創辦圖書館、平民夜校、新劇團之外，每逢暑假，還辦一個油印的刊物，供一般知識分子發表輿論、交換知識，這種刊物，對於吾鄉的社會確曾發生很大的影響。有時候，那上面也登些意見不同互相論難的文字。當我十四歲的那一年，便因某一個問題和一位中學生論戰了起來。論戰到末了，是那位中學生做了一篇嵌着許多英文使我看不懂的文字收場，那篇文章的結語是："你這知識界的乞丐，配說什麼呢！"

對於"知識界的乞丐"這一個銜頭，我在當時感到莫大的恥辱。但後來仔細一想，覺得這於我實很切合。我和那些中學生們的確是有乞丐和大少爺之別的。大少爺之所以為大少爺就是因為有現成的飯可吃，現成的衣服可穿，現成的教育可受，而乞丐，却是一無所有，種種都要向人們去求討。像我這樣，進不起學校的人，本來是不應該有智識的，卽使有一點，也不過是苦苦討得來的殘羹冷炙罷了，怎樣配跟大少爺們去瞎說山珍海錯的滋味呢！

明白了自己實在是個乞丐之後，我的求知慾反而愈加強烈起來，因而我的求乞也更勤了。此後的三四年中，我眞像一個餓得不論草根樹皮都吃下去的乞丐似的，把能夠借到的一切書報，古的、新的、科學的、文學的、雜亂無章地看進去，看進去。另一方面，又懷着像想混進富家的廚房飽吃一頓的心願，兀自尋覓着進學校的機會。

倖倖的是，民國十六年的秋季，上海辦起了一個不化錢可以讀書的勞動大學，我就如願以償的考進這學校的中學部了。

進了中學之後，我還是貪婪地亂讀一切。於各種教科書之外，讀得最多的是雜誌。日本文學家廚川白村曾論"雜誌學問"之非道：

日本的讀者總想靠了新聞雜誌的智識，求學問。我想，現代的日本人的對於學藝和知識，是怎樣輕浮、淺薄、冷淡，這就證明了。學藝者，何待再說，倘不是去聽這一門的學者的講義，或者細讀相當的書籍，是決定得不到眞的理解的。縱使將所謂"雜誌學問"這一些薄薄的知識作為基址，張開逾量的嘴來，也不過是招識者的嗤笑。因為有統一的系統底組織的頭腦，靠着雜誌和新聞是得不到的。

這話當然是對的。我在中學的開初的一年多中，就是因為亂讀雜誌，把頭腦弄得凌亂不堪。智識既沒有系統，思想也找不到徑路，所以愈讀愈覺得迷惘愈感到煩悶，幸而後來遇到了兩個救星，我的頭腦纔在他們的指導之下組織化起來。

那兩位救星，便是"數學"和"歷史"。數學的訓練使我具有組織的能力，歷史的啟示使我得到系統的概念。從此我對於種種學術和智識，方有一點眞的理解。不過我對歷史的理解，却是一本講文藝思潮的書——本間久雄的《歐洲近代文藝思潮論》所促進的。我在《讀書生活雜憶》一文中，記着這一回事：

化學上面說着有幾種作為"觸媒"（Catalyst）的物質，在它的接觸之下，它自身並不起變化，却能完成別的兩種物質的化合。《歐洲近代文藝思潮論》這書，對我也生了"觸媒"的作用。我在讀此書以前，也曾亂翻些哲學的社會科學的專書或雜誌論文，然而我不能理解，即使有自以為懂得了的，其實連一知半解也談不上。直待讀了本間久雄的這本著作之後，我纔豁然貫通了哲學社會科學上的許多問題。

從《歐洲近代文藝思潮論》，我認識了社會進化的鐵則；從《歐洲近代文藝思潮論》，我解悟了唯物辯證法的公式……這些道理，都是這本書中所不曾講到的，但我却由此旁通了，所以我說這書是"觸媒"，它影響了我，却並不使我更加傾向文藝而使我的腦子跟哲學和社會科學的知識相化合。

從此以後，我就系統地閱讀了許多哲學和社會科學的著作，由此更進，我又注意到自然科學。在勞動大學的中等科的最後一年，我是專習理科的。

但是因為注意的範圍太廣，就不能深入，所以我在各種學藝上都沒有成就，至今還是一個不學无術的人，只能寫些"雜文"，在文化界打雜而已。有些知道我的歷史的人，說我已經由"知識界的乞丐"升做"文化界的短工"。但我以為這話是不對的。在知識上說，今日我還是一個乞丐，因為我自己的感到不足如故，而求得也仍然不易也。

和我同樣的"知識界的乞丐"，一定是很多的。但看近幾年來的情形，從學校裏正途出身的大少爺們，已不似先前那樣的趾高氣揚，自以為了不起而任意侮辱學校以外的求知者了。文化界對於一般失學青年的教育，又頗加注意，讀書的指導，於生活有用的學藝的通俗的介紹，都很努力。這在我們這些"乞丐"，實在比僥倖進了學校還要好得多哩。

元人翁森，作《四時讀書樂詩》，說盡大少爺們讀書之樂，例如那詠春天讀書的一首道：

山光照檻水繞廊，舞雩歸詠春風香。好鳥枝頭亦朋友，落花水面皆文章。蹉跎莫遣韶光老，人生惟有讀書好！讀書之樂樂何如？綠滿窗前草不除。

這種樂趣，當然不是我們做乞丐的所能領略的。但是我們時常也感到一種讀書的樂趣：那是當書中所說的話，使我們悟得了存在於我們的現實生活裏面的種種社會的和歷史的真理，使我們對於將來的光明發生希望的時候。

我的生活與讀書

周楞伽

小　引

　　讀書生活社要我寫一篇讀書經驗說，像你這樣生理上有缺陷的人，居然能夠自學成功，成為一個作家，倘若能把過去的生活經驗發表一些出來，至少可給予還在自學中的青年們以鼓勵。這話很使我慚愧！雖然現在頗有一些"家"而不"作"的人們，拚命想擠入作家之林，但我却始終以為："一為作家，便無足觀！"我是久已無足觀了的，以我這無足觀的人寫出無足觀的生活經驗來，對於別人又能有什麼良好的影響呢？不過人情每好回顧過去，在今日之下，我回過頭去，看過去的我，怎樣從崎嶇仄狹的小徑上，逐漸走上平坦的大道來，覺得也不無可紀的價值。那麼，就不雜一些虛偽，不帶一些誇大，忠忠實實的為過去生活描畫下個輪廓來，留給自己作紀念吧。

（一）幼年的教育

　　我於一九一二年，卽辛亥革命那年生於江蘇宜興。我家是一個沒落的書香門第，上代雖也曾做過官，但傳到祖父手裏，却已經很式微了。

　　我六歲才啟蒙，在姨母家所設的私塾裏附讀。那時我家的環境很困難，父親因為受了姑母的讒毀，負氣在外面遊學，家中的一切全靠母親苦心維持。我在私塾裏，每天要識十個方字塊，童年的記憶力較強，還不至於忘却，所以這教方塊字的階段，很快的便告終了。接着就是《三字經》《千字文》和當時一切兒童所受的教育一樣，順序漸進。

七歲換了一個私塾，從一位姓季的老舉人讀《孟子》，但只讀到《離婁篇》，便終結了我的私塾生活。這時，帝國主義的教會勢力正深入內地，我家也常有洋尼姑來宣傳。說是信仰耶穌還不如說是貪圖不時有糖菓畫片可得的利益罷，我便也隨着兩個姊姊進了教會所設的中西女塾，讀的課本名叫《由淺入深》，此外還附帶教授一些初級的算術手工、圖畫。

不過這雌伏時間也不很長，下一年我便又隨着哥哥進了協和初級小學。這一個小學要算是當時城中的小學最完善的，特別是校舍就設在一個私家花園裏，環境非常優美。一直到現在我還不能忘記它。雖然我那時所讀的課本，還純粹是文言的商務《共和國教科書》，而我在學校裏也只讀了一年有半，連四年級都沒有進。

我幼年所受的教育是這樣的奇奇怪怪，就是我自己現在探索起來，也不明白我那時到底曾從這教育裏學得了些什麼東西。勉強說出一些功績來吧，那便是它使我認識了現在還在流行着的漢字。

（二） 災難的襲來

在我十歲的那一年一個大的災難開始降臨到了我身上，奪去了我應享有的一部份人生幸福，並且也剝奪了我在這舊社會裏做人的資格，使我在世俗的眼光裏，永遠得不到尊敬。

這災難，可說一大半是由自己造成的。那時後，我舅家的一位表兄在續絃，我隨了母親去吃喜酒，未免多住了幾天。小孩子家知道什麼，終日只是肥魚大肉的吃，把油膩充塞在腸胃裏，一旦感冒了外邪，便爆發而不可收拾了。就在吃喜酒回來的第三天，天上降下了暴風雨，我在上課時就面紅身熱，有了病的徵象，回家時又不曾有人來接，我獨自一人，執着一把雨傘，在暴風雨中走着，風把我的雨傘吹到東，吹到西，差點沒連我的人都吹倒。我勉強支持着，回到家裏，便倒下來了，胡言亂語的，身上發着極度的高熱。

這場病的來勢眞是非常兇險，有好幾夜我都昏昏沉沉的，失了知覺。據母親事後對我說，在我病勢最危險的時候，她曾哭過好幾次，以為我是決不能再活的了。然而我却終於活了下來，只是身體上喪失了一種重要的官能——寶貴的聽覺。

（三）在黑暗中

從十歲到十六歲，這七年的長期間裏，在我的生命史上，是度着像歐洲中世紀那樣的黑暗時代。

聽覺是失聽了，雖然只是一隻左耳，右耳對於稍微宏大的聲浪，仍能聽得清清楚楚，然而畢竟已經失去了受教育的機會。這眞是非常危險的事，年紀還不過十歲，在人生的長途上，只走了一個起頭，以後這漫長的途程，叫我這沒有受過高深教育而且喪失了聽覺的人怎樣去走呢？見着我的人差不多都代我擔憂，但我自己却仍舊不識不知的，只知道嬉戲。

那時在我唯一幸福的事就是認識了字，日常無事可做，我便把我的趣味埋在家中的一隻舊書箱裏。這書箱裏藏有無數啟發我童年智慧的珍寶——《三國志》《說岳傳》《西遊記》等類的舊小說。於是，我不再貪嬉玩了，一坐下來就捧着書看，看完了家中所有的，更偷了母親的錢出去買。由於多看少運動的綠故，我變成了一個面色蒼白舉動滯鈍的小孩子，同時強健的記憶力也漸漸消褪了。雖然我後來寫作生活的基礎，是由這時期奠定的。

一九二三年，在我的幼年生活上，起了個小小的變化。父親在上海掛牌作了律師。他把我帶到上海來，要我幫他抄寫狀詞。我那時雖還只有十三歲，但字却寫得還端正，適於做這工作。

這時，上海的文化界，正是鴛鴦蝴蝶派得勢的時期。走到書坊裏去一看，滿眼盡是《禮拜六》《星期半月》《紅雜誌》《小說世界》等類的刊物。置身在這環境裏的我，當然也不免受到影響。我的趣味變化了，我不再喜歡看舊小說，却和鴛鴦蝴蝶結了不解緣。

因為讀得多，不免見獵心喜，便自己也動手來寫一些，過起投稿生涯來。不過那時的筆下眞幼稚得可笑，卽使是鴛鴦蝴蝶的刊物，也很少肯容納我的作品。

代替了鴛鴦蝴蝶的刊物容納我作品的，是上海一隅最流行的小報。說來眞慚愧！在極盛的時代，竟有十多家小報需要我的幼稚而不成材的零亂文章，正如現在有十多種新文化刊物需要我的稿件一樣。

不過最後終於也給我攻進了鴛鴦蝴蝶的營壘，在《紅雜誌》後身的《紅玫瑰》上，連續發表了我許多初期的作品。那時我的署名，是也頗帶有一些鴛鴦蝴蝶氣味的兩個字："劍簫"！

這便是我在黑暗時代的生活實錄，五卅的警鐘沒有驚醒我的迷夢，國民革命的怒潮沒有激盪起我的熱血，我是如此愚昧平庸的一個人！

（四）一線曙光

時代畢竟是偉大的，卽使是我那樣愚昧平庸的人，也終於給它開了茅塞。從落後的羣衆中間帶上了前線。

我將永遠紀念着一九二七，這一個偉大的時代，偉大的年頭，牠使我第一次受了新文化的洗禮。

那年的夏天，我以一個極偶然的機會，從一位同鄉到正在半價的泰東圖書局去買書，發見了幾册《白露半月刊》，因為它的定價便宜，便把它全部買了回來。這是一種青年人的刊物，傾向並不十分健全，但那種新的體裁、新的風格，尤其是充滿在字裏行間的一股青年人的熱情，却非常投合我的胃口。我的視野放寬了，我開始從鴛鴦蝴蝶以外，多得了一種讀物。雖然在起頭讀的時候是很艱苦的，尤其是那我所不習慣的歐化倒裝的句法，和摸不清頭緒的深奧的思想。

這時，我的環境仍舊是很困難的。父親完全是一個利己的人，他無日無夜的叫我幫他抄寫，而他却連幾個銅板的零用錢都不給我，更不用說給我錢買書了。我那時唯一得錢買書的方法，便是揩油和偷。不過揩油和偷來的錢畢竟很有限，它使我無力買單行本的書，於是我便採取了最經濟的辦法，專買雜誌。首先買得來的《創造週報》合訂本和《季刊》這幾本書給予我的影響最大，它不但使我唾棄了鴛鴦蝴蝶，而且使我認識了時代。

為了錢的來源太少，縱使是買半價書，在我也是一種奢侈的舉動。迫不得已，我只好到城隍廟的旧書攤上去跑，買十個銅板一本的便宜書。這樣跑了兩年，很幸運的，我竟把以前的《小說月報》從革新的第十二卷起，到十七卷止，一齊湊全。現在城隍廟裏擺舊書攤的人還都健在，他們一定都記得，那時有一個蓬着頭髮，穿着僅僅蔽膝的長衫，常常來翻便宜書的孩子。

（五） 從讀書到寫作

一九二八年，我的肚子裏已經裝下了不少新文藝的糧食，同時正在流行的革命文學和茅盾先生的三部曲，給了我非常的刺激，於是我便開始來練習寫作。這生活才一開始，便逢到了頑強的阻撓。

阻撓我最力的一人便是我自己的父親，他阻撓的理由很簡單：第一，我從事寫作後勢將不能再幫他抄寫，這是於他的利益大有妨礙的。第二，便涉及了思想問題。我父親當年也許是個維新黨，因為他常喜歡和人談康梁及六君子，但他的思想終於只停止在維新期而已，“五四”運動他便有些不贊成，“五卅”以後的新思潮更使他視如洪水猛獸，在他的眼裏，幾乎所有新文化書籍全是宣傳不穩思想的，而寫作新文藝小說，更足以釀成文字獄，動也動不得！由於他的嚴厲和頑固，我只好瞞着他，等夜深人靜後，獨自伏在亭子間裏的破桌上動筆。

但漸漸的我的智識增進了，我不但认清了時代，並且認清了我所處的家庭環境。家中人自我父親以下，差不多都具有一種共通的劣性：自私胆小。我當然不能為了這種劣根性犧牲我一己的前途，於是我便大膽地就在日間也從事寫作，甚至拒絕再代父親抄寫，開始對父親樹起叛旗來。

這叛逆的舉動，當然使父視非常震怒，他籍着時代的壓力，給了我不少的迫害和磨折。有好幾次我被迫着，不得不含淚焚去了我心愛的書籍；但對於寫作，我仍舊是不肯放棄的。為了要保護我手裏的一枝筆的存在，我那時甚至有不憚以頸血來寫生命史的勇氣。

（六） 從理論到實踐

就這樣，在萬難的環境裏苦鬪了兩年。到一九三〇年的開頭，我的寫作算是粗具根柢了。雖然離成功還是很遠的。

一九三〇年，我有一個偉大的企圖，想把"五四"以後的十二年作背景，寫一部十二卷一百二十萬言的長篇小說《市民》，每一卷代表一年。而且居然在三個月的時間內，把第一卷《白燒》完成了。

那時，我的堂兄全平正在上海開西門書店，我把第一卷原稿交給了他。立刻便被他賞識，答應為我出版。不幸正當全書排校完竣製成紙型時，西門書店却因虧本關門了。但這也許可說是我的幸運罷，倘若這部幼稚的作品竟得問世，那是適足使我汗顏的。

我那時讀書的趣味也有了改變，喜歡研究社會科學。好在書店裏各種新書都有，隨手拿回來看就是。在這許多書籍中間，最使我得益的有兩部：一部是塔爾海瑪的《現代世界觀》（崐崙出版），還有一部是伏爾佛遜的《辯證法的唯物論》（亞東出版）。對那些還未獲得正確的世界觀的青年，我鄭重地向他們推薦這兩部書。

關於一九三〇年以後我的寫作生活，希望讀者諸君去參看本年《東方雜誌》新年號內我所寫的《生活之一頁》，這里因為篇幅關係，不多說了。要說一說的，只是在"九一八"以前，我的作品中的內容多半是空想的，"九一八"以後，才把我的創作和實踐結在一起，凡是我所不甚熟悉的題材，我都不敢輕易動筆。

現在我正在寫一部三十萬言的長篇小說《煉獄》以一九三二至三三的時代為背景，已經寫成了八章在這部書上，我曾費了三年的時間去搜集材料和考察實踐，將來寫成後，或者不致怎樣使讀者諸君失望。

　　以上便是我的全部生活紀錄，沒有半語虛假。從我過去的生活經驗看來，我敢相信世上決沒有什麼困難的事件，只要人肯虛心，有勇氣就是了。"天助自助者!"我願每個自學的青年，都能牢記着這句話。

讀書三部曲

薰　宇

　　近代正則的書，除却等於裝飾的封面，至少包含三部分：一，序；也有附着編輯大意，或凡例的，或只有編輯大意或凡例而沒序的。二，目錄；三，本文。此外還有些附錄。

　　新買一部書到手，假如準備認眞地讀它，那麼，第一，便應當讀序文、編輯大意和凡例之類。一般人不甚注意這一點，其實却很重要。序文，大半是說明作者下筆的動因以及他在本文中所注意的各點。編輯大意和凡例之類，不用說，更是具體地敍述本文的主眼和組織，等。這些對于整個地理解全書，都很有幫助；不但如此，有些意義很少或十之八九是抄錄來的書，假如作者的序文之類很忠實的話，只要讀過這序文之類就可將它束之高閣了。還不但如此；假如這本書所屬的門類中，你已讀過些部數，從它的序文中，你便可知道這部書對你有多少幫助，有時也就可以將它收在書架上，讓有參考的必要時再翻閱。自然這些話得有例外，尤其在近來，著作物更形露骨地商品化的年頭，有些書的序文簡直是廣告，不是自讚，便是請幾個“名人”代吹噓；這類序文當然和本文很少有關聯。不過也值得一讀，而且這類書的序文比本文更值得一讀。它有時會告訴你本文大可不看，有時，在你讀過本文以後，它就會給你做證人，使你更認識那作者和那作者的作品。

　　第一步讀序文，第二步，不用說便是讀目錄。若把讀字的意義看得比較的嚴，那末，這似乎可笑極了，第一章什麼，第二章怎樣，這那好讀。不過這里所說的讀，意義很寬，讀了目錄，全書的組織和輪廓在心裏便有點影兒，這於本文，好似指路碑，能說一點用兒沒有麼？也和讀序文一般，假如這本書所屬的門類中，你已讀過些部數，從它那裏你便可知道這部書對我有多少幫助，有時也就可以將它收在書架上，讓有參考的必要時再翻閱。

第三步，當然讀本文。前兩步雖是必要，但可以說，只是它的準備。本文當怎樣讀法，一言難盡。好書不厭百回讀，真是好書，讀一遍有一遍的趣味，也可以有一遍的會心，那怕你已能將它背誦如流，讀起來還是別有風味，別有會心。至于壞書，不值一讀半讀，翻過幾頁，勿妨擲在火爐裏，省得在書架上佔位置，或害別人浪費光陰。

好書、壞書都不必說還是說好壞未經你自己評定的新書。假如要認真地讀，至少得讀兩遍。第一遍快讀、粗讀，第二遍慢讀、精讀。快讀、粗讀，是不求甚解，觀大略的工夫。慢讀、精讀，是力求了解，細磋細磨的工夫。

所謂快讀、粗讀，其作用有消極和積極兩方面。消極的便是淘汰作用。人壽幾何，所謂"於書無所不讀"在古代容許有萬一的可能性，若在近代，要說這話正是自己招供"所見甚狹"。因此，對於書不能無所選擇。在快讀、粗讀以後，這本書的大體已可明瞭，有否精讀的必要便可抉別，這就是淘汰作用。書可以分三類，一是不值一讀也不足供參考的；二是不值精讀而足供參考的；三是值得精讀的。經過快讀、粗讀的淘汰作用，手裏的那部書，便可編排到這三類的一類中。倘若是編排到第三類的，那就得振作精神，集中注意地來慢讀、細讀。

對于第二步的慢讀、細讀，第一步的快讀、粗讀很有積極的作用。好的書好的文章，都有很謹嚴的組織，要理解，須整個地去理解。正如看畫，一幅好畫，它的結構、色彩、線條全都是一貫的，調和的。只許整個地欣賞，不許你分開來數它裏面有幾件什麼，那些是黃，那些是紅。一個詞，一句話，孤零零地，便毫無意義，不，有意義，有的是死的意義。有的人看見一幅字，他批評說某一字有力。甚而至於說某字的某一筆有力，這實在不妥當。若整個地看，倘然一幅字有的好有的壞，一個字有幾筆好有幾筆壞，那就不是好貨。有的人見到女人，他批評說，這個的鼻子美，那個的眼睛美。假使那美鼻子長在歪嘴巴上，美眼睛下面却是塌鼻子，還有什麼美？美是有生命的，她的生命便是調和，沒有別的東西幫襯；和四周的東西失了調和，便沒有生命，也就無所謂美。美是如此，一個詞一句話的意義也如此，它們的生命，是在整篇文字或整部書的關聯中，正如手指的生命是在全個身體的關聯中一般。就是為了這樣，對于一部書要理解，一面是要全部的，同時又要逐字逐句的，從全部中理解各字句的意義，從各字句的連綴理解全部書的意義，這是讀書法的基本原則。也就是為了這樣，快讀、粗讀應在慢讀、精讀之先。若對于全書的輪廓沒有一點影兒的人，便一字一句地去精讀，其結果一定只能得到些零零碎碎的，毫無生命的知識。有些書讀得多，而且天資較高的人，拿着一部書，一目十行地瀏覽過去，他便可以說出這部的主要意義來，這就比一起首便逐字逐句地讀好得多。

好！話兒有點漏洞了。既是瀏覽比起首就一字一句地細讀好得多，快讀、粗讀豈不就夠了麼？然而說話不得這般馬虎。瀏覽只能得大略，原書的精微特點却抓不到手中。一部書既值得精讀就不應淺嘗輒止了。眞是好書，眞是值得精讀的書，一次的慢讀還不夠。逐字逐句地讀去往往有些地方當時還不能理解，必和後面的反覆印證才能恍然大悟。而這反覆印證的工夫，往往不是一次可以得到的。因為一個人畢竟只有一幅頭腦，一時的注意只能集中在某一二點，若你所需的印證，正好不在你注意所集中的領域內，當然你和它就得相見不相識了。人的注意的集中點從另一面說，又不能時時一樣，因此要收反覆印證，恍然大悟的功效，唯一的法門便是多讀幾遍。

所謂逐字逐句地慢讀、精讀，其目的自然是在對于那書一點兒不放鬆。但話雖如此，一次精讀就要做到家却十有八九不可能。在這裏，於是便不能不慢中見快，精中見粗，為了一時一次不能立即解決的一點困難，便停在那兒徘徊，豈不大煞風景。有些困難不但就本書反覆印證才能解決，往往有還須從別方面去求救兵的。而這枝救兵，有的是一求卽得的，比如認不識的字查字典，但也有不能硬求只可偶遇的。所以卽使是在慢讀、精讀，也無妨慢中見快、精中見粗，留些困難以待來日救兵的光降。

本文如是讀法，如是讀過，一部書總算沒有白買。至於讀時作筆記啦，作記號啦，這要看讀的目的而定，所以不用囉嗦了。

讀完本文，比如那書還有附錄是否要讀一過呢？當然要讀，而且還須早讀。附錄總是和本文有相當關聯的，在讀本文時就得隨時參讀。

說來都是空論，然而一般地說，只好如此。嚴格地說，在現代，書籍門類很多的現代，各種書有各種書的特殊的讀法，用讀數學書的方法去讀物理書，已不免有些勉強，若拿去讀小說、戲劇、詩歌，那更是荒天下之大唐了。不過原則却大體不差，這里所說的，就只是原則而已。

五、讀書與生活

要求讀書生活合理化

伯　韓

　　世間讀書的人是很多很多的，除了一種專門讀書的讀書匠以外，一般忙着各種各樣生活的人，許多都肯拿一部分的時間來讀書。不過書的種類是千差萬殊，而讀書的人，興趣也是極不一致，同時，環境的限制，決定了各人讀書的範圍；生活的要求造成了各人讀書的態度。試看那些有閒的紳士們，讀書的地方必須選擇那窗明几淨的書齋，所讀的書必須選擇那裝璜精美、內容可作笑談快意的資料的，他們的讀書生活，不過是消閒的生活罷了。但另有一些有職業的人們，他們整日價忙於工作，在工餘的時候，還要拿一部份時間來補習英算，或者到函授學校去學習各種應用科學；這些人的讀書生話又是何等的實際，何等的緊張！

　　大多數的人是沒有那舒舒服服的閒情雅致的；所謂為衣食奔走，這樣毫無餘暇的葬送一生的人，可以說遍地皆是吧？那同星子一樣數不清的書籍，就好像不是為他們而設的，和他們無緣接觸。實在，除了專門的讀書匠以外，旁的人就算抽空來讀點書，能夠合理的享受讀書生活的人還是很少很少的。因為忙於職業，多餘的時間是有限的，在這有限的時間之中來讀書，如果不是經過適當的選擇，隨便拿一本書來讀，或者碰着一本毫無益處甚至反把腦子弄昏的書，那有限的時間就白白的消耗了，而知識並沒有增加。這樣，甚至於一生的讀書生活，都是毫無意義的過去了，那是多麼大的損失！

　　要做到讀書生活的合理化，這一點就是在專門的讀書匠一方面也值得注意，值得提倡。我這裏聯想到幾個讀書人的故事了。一個是俄國小說家郭哥爾所著的《死靈魂》中的人物，叫做彼得·路史加的，非常喜歡讀書，不選擇種類的讀，但是並不領會書中的意義；他時常驚異着"文字如何可從字母構成"，假如他生在中國，當然永遠把"文字可從點、橫、直、撇等構成"這件事作為唯一的奇事的。這位先生的讀書生活，可以說是一塌糊塗了。

　　第二個就不是小說中的人物而是一位歷史的人物，可是把他的名兒忘記了。日本鶴祐見輔在他著的《思想山水人物》裏面曾經介紹過這位先生；這是英國的一個歷史學專家，他是一名貴族，有幾文銅鈿，所以他能夠在南歐洲擇一塊風光明媚、山水清幽的所在建設一個合於理想的書齋，把幾萬卷藏書都搬到那裏安放着，他在那個地方專門讀書，約莫也有六十年左右，但是他自己一個字的著述都沒有。鶴祐見輔說這種人的讀書好像大沙漠的吸水一樣，只看見吸進去，不看見吐出來，倒有幾分相像。光華萬丈的人類的文化本來是由無數代的人們的成就，一分分一寸寸纍集起來的；而這位英國的歷史學家便一分半分的成就都沒有增加上去，白讀了幾十年的書。

　　還有一個人，却又是小說中的，那便是柴霍甫著的《賭》裏面的一位律師。這律師自從在二十五歲的年紀上和一個銀行家打賭吃官司，為的想得兩百萬金鎊，自願在銀行家的公館裏坐十五年的牢，他在十五年之中眞是無書不讀，外國文都學好了幾種。不僅文學、哲學、宗教的書讀得很多，連許多自然科學、社會科學的書瀏覽了幾百種；可是，他到了將要坐滿十五個整年限期的前一天忽然留一張字條兒宣布他拋棄了那應得的兩百萬，而且於限期前幾個鐘頭跳窗子走了。在這裏，是這位律師從十五年的讀書生活裏澈悟了 "人生無常" "四大皆空" 的哲理，他因為書籍的幫助，得在牢囚的斗室中乘着 "幻想" 的翅膀經驗過人間世❶一切可歌可泣、可驚駭、可留戀、可驕傲、可羞恥……的生活，於是他反過來斷定人間世的實生活都只是如夢幻、泡影一般的虛偽的東西。這一個讀書的人，便不像上面說的那兩個人的癡呆，實在是一個了不得的有思想的人。

讀書不只是囫圇吞棗的看過去，頂要緊的是了解書中的意義。這個就不能不要思想的幫助。然而事情不止於此，僅僅了解書中的意義還不夠，頂要緊的是使書籍幫助我自己的思想。我自己的思想是讀書生活的骨幹，書籍不過作為我們驅使的工具罷了。所以，要有思想才可以讀書，而且要獨立的思想才可以使自己不為書籍的奴隸。

但是，如柴霍甫所說的那個律師，他把讀書生活和書齋（在他就是那牢間）外的實生活隔離了，他不曾曉得和他打賭的那個銀行家營業的虧損，及其無力償付兩百萬賭賬的困難情形。那個銀行家因為賭約在律師手裏，非常的憂懼，本來準備在限期將滿的前一晚上暗殺了那個律師，雖然幸虧那律師悟到了釋迦牟尼一樣的哲理而 "懸崖勒馬"，不曾遭了危險，可是只算得偶然的湊巧，假如銀行家

---

❶ "人間世" 今作 "人世間"。——編者註

早一晚動手，律師的命也沒有了，而他的輕視兩百萬家財的大覺悟也要不為世人所知。何況他雖然沒有遭了暗殺，十五年的光陰總算是白過了，他可曾對人類社會有絲毫的貢獻？而且，把現實生活視為虛幻的他這種道理，在剝削者、壓迫者一方面如果真的能夠相信，固然也可以少一些欺凌弱者、苛刻窮人的事，但事實上這些人都是最聰明的，儘管宣傳而並沒有幾個真心相信的，若是在被剝削者、被壓迫者這一方面，他們是容易相信而且在那方面宣傳影響之下要增加相信的機會，可是他們因此就受盡人間的一切困苦磨折，都是毫不介意、絲毫不去努力於改革現實生活的鬥爭。這個便要使擔負創造人類文明的大多數有用的人們的雙手不能自由的舒展，而使人類的文化進展為之阻滯、延緩。

因此，徒然有獨立的思想而不能夠把它和現實生活連結起來的讀書人，讀一輩子都沒有用的。所以，如果一個人不能使他的讀書生活合理化，縱然他是讀過滿滿的五部搬場汽車的書，我們也不要欣羨他了。

其實，真要使讀書生活合理化，就不應當有一種專門讀書的讀書匠；要使讀書與生活溶成一片，一個人就不應當離開一切工作而關在房子裏去讀書，因為書本上的知識，都是已往的人類實際工作的經驗的積累，只有和實際工作聯繫起來，才能夠正確的充分的了解其中的意義，也才能夠在實際工作中來應用它。現在的教育制度，使實行生產的人得不到書本子上的知識，而能夠獲得書本上知識的人又不去，或者沒有機會參加生產工作，雖然在提倡生產教育的宣傳之下，這種知識與工作分離的現象也不能矯正過來，假使要使每一個參加生產的人都有受教育的機會，就必須先使每個這種的人工作時間大大的減少，生活上的享受也要比較優裕，而可以容納這許多人的教育機關或設備又必須建立起來。假使要使每一個受學校教育的人去參加實際的生產工作，就不僅在教育行政方面具有這麼一種功令就夠了，也不是僅僅在學校裏面具有模擬的工作實習就行了。他必須真正的做一種實際的生產工作或者參加到社會裏面的一個生產機關裏面去。要做到這步，就非先使全部生產機關和教育機關在整個計劃之下連擊起來不可。

這樣的讀書生活合理化，自然還只是我們的理想。可是這個理想可以作為我們奮鬥的目標。在我們實現我們的理想以前，我們也應當在現實生活條件允許的範圍內勉力建立我們的讀書生活，而且要使它儘可能的合理化。

我們雖然站在學校以外，但在日常工作中不免要發生種種的困難，不免發生關於自然現象或社會現象的種種問題，因此我們不得不運用我們的思想去解決它們。我們應當選擇那與這些問題有關聯的書來讀，以幫助我們的思想。由於這一個總的原則，我們讀書便不是無目的的、無選擇的，不是作書櫥，也不是作書的奴隸。這樣的讀書生活，可算是有意義的生活，也是愉快的生活。

二十三年十月十三日

生活讀書化

庶　謙

　　"讀書"只為着"明理"的教育，早已過去；把"求知"和"應用"分開的教育，也起過根本的動搖。現在一般地佔着優勢的便只有那杜威氏的"教育卽生活"。

　　從杜威到中國起，一直到現在，已有十六個年頭了；我們在"教育卽生活"的"嘗試"之下，"成功"了一些什麼？

　　現在應該是檢討的時候了。在那些所謂"實驗"的小學校裏，最能引起學生們"興味"的，便是那種所謂設計教學法。眞的，在每一個"設計"的過程當中，學生們都是歡欣鼓舞地去努力工作的。但是，那些學生們一經走出了那一個"設計"的時候，他們便仍舊做自己的去了。他們去打他們自己的球，去打那種設計教學以外的球。他們去拜會自己的朋友，去拜會那種設計教學以外的朋友。

　　在這裏，我們應該看出："教育卽生活"是把教師們所認定的教育放到學生們生活當中去了的；但是卻不會把客觀上學生們全部的生活放在教育當中的。

　　因此，"教育卽生活"的教育，就觀點上說，它僅只是主觀的；因為它只是出于教師們的一種"設計"。就教材說，它僅只是部份的，因為它只是剪取了生活上的一片。

　　由這種教育的結果，學生們在學校裏的"嘗試"儘管"成功"，但出了那一個實驗的場所（學校），他們便仍舊是失敗。因為學校生活以外的大部份生活，學校裏原來就不曾過問，所過問到了的，也僅只是主觀上的一部份；所以，學生們走到社會上的不能“適應”那正是當然的（自然，在這裏，也還有社會上的物質上的影響）。

在事實上，“教育即生活”的教育，仍舊是把“求知”和“應用”分開了。並且，仍舊還是保存着那種“讀書只為明理”的形式；不過，把從前那種玄妙的“理”換成了近代所謂科學的“理”罷了。話雖這樣說；但我們對于“教育即生活”的教育，並不是要去全般地推翻；因為它實在也包含着人們過去在教育上實踐得來的一種成果。

我們以後所需要的，是在“教育即生活”以下，再接上一句：──“生活即教育。”這樣，便是不單只要把狹義的教育，放在一部份的生活當中；同時，還要把全部的生活，放在廣大的教育當中。

具體地說：在城市中不僅學校應是一個工廠；同時工廠也應是一個學校。在農村中不僅學校應該是一個農場；同時農場也應該是一個學校。在商業上，不僅學校中應該設立商科；同時，一切的商店，我們都應該設法使它學校化。在教學上，師範生固然應該有他們實習的場所；同時，在一切行着教授的地方，都應該有教師們自己進步的地方。

“生活即教育”的教育，這在大體上也和杜威所謂廣義的教育相當；不過，他不曾說要把工廠、農場和商店等一律都學校化罷了。在目前，人們已經注意到了的僅只是前一半；我們現在應該努力的便只在“生活即教育”這一個目標。在工廠裏，我們應該使工人們一般地得到讀書的機會：在農村中，我們應該使農民們一般地得到讀書的機會。

再就目前可能性多一點的說：應該是一切店員、學徒們起來，爭取讀書的機會；使他們的商店學校化，使他們的生話讀書化。

六、讀書漫談

讀文法書

陳望道

讀文法書目的在乎知道的語言組織，不在記些文法的名頭，名頭不過是為着說明組織的方便設立。比如要說明"我在上海"這一句話的組織，才不得不用幾個名頭來分別"我"是什麼一類語言分子，"在"又是什麼一類，"上海"又是什麼一類。這才要說"我"是代名詞，"在"是動詞，"上海"是名詞或說"我"是主詞，"在"是述詞，"上海"是補詞。這類名頭是越用得少越好，少到沒有自然更加好，然而那是做不到的。但是改掉一些好像名頭越多越好的風氣却不見得一定做不到。可惜現在似乎還沒有人肯向那邊走。讀文法書都是挑了一擔的名頭，還撈不到半擔的組織，這在青年可說是一種冤枉的負擔。這種担子不知要挑到什麼時候才可歇肩。

現在的文法書，多是傳統因襲的氣味極重的。這種氣味不除，恐怕不會有減輕負擔的希望。譬如開頭一個語言分子的分部（這可以簡稱作"語部"，普通却叫做"詞類"，就給你一個名頭），就可以在古書上找到它的淵源。現在却差不多當作天經地義。在中國的文法書裏差不多誰都分作九部，幾乎誰都沒有異議。像黎錦熙先生那樣的文法專家，講文法時還要開口"邏輯"，閉口"邏輯"，用那"形式邏輯"來堅固讀者的信用。倘說"邏輯"，這"語部"（就是"詞類"）便該推翻，這語部便是根據什麼"邏輯"分成的呢？

姑且調查調查他們所根據的分類原則看：

（1）名詞——"是事物的名稱"。——這是根據概念內容，就是語的意義分的。

（2）代名詞——"是代替一詞的"。——這是根據語的功用分的。

（3）動詞——"是用來敍述事物之動作或功用的"。——這是根據語的意義分的。

（4）形容詞——"是用來區別事物之形態、性質、數量、地位的，所以必附加於名詞之上"。——這是根據對於名詞的關係分的。

（5）副詞——"是就事物的動作、形態、性質等，再加以區別或限制的；所以必附加於動詞、形容詞，或旁的副詞等"。——這又是根據對於動詞等的關係分的。

（6）介詞——"是用來介紹名詞或代名詞到動詞或述說的形容詞上去，以表示他們的時間、地位、方法原因種種關係的"。——這是根據功用或位置分的（如說"前置詞"便完全是根據位置分的）。

（7）連詞——"是用來連結詞和詞、句和句、節和節，以表示它們互相聯絡的關係的"。——這是根據功用分的。

（8）助詞——"是用來幫助詞和語句，以表示說話時的神情、態度的"。——這也是根據功用分的。

（9）歎詞——"是用來表示說話時的一種表情的聲音。常獨立，不必附屬於語和語句；以傳聲為主，本身也沒有什麼意義"。——這是根據意義，或位置分的（日木人叫作"問投詞"就完全是根據位置分的）。

總計九個分部，分的標準是有下列四個：

（1）語的意義；

（2）語在關聯上的作用；

（3）一語對於旁的語部的關係；

（4）語在句中的位置。

這跟"形式邏輯"一種分类必须用一個標準的規例就不合。這在他們淘裏還可以說是"邏輯的"嗎？實際這種地方並不是"邏輯"在說話，只是外國的傳統在說話。文法上的所謂九部實際也同中國書籍上的所謂"四部"一樣都是傳統的分類。

中國現在流行的文法書，除了這類外國傳統之外，似乎還夾上些中國的傳統。這種傳統的輸入文法，不能不說是馬建忠先生作孽的。他著了部《文通》，專講古文的文法，許多分類也都照着古文分。這就範圍了以後的人（連"刊誤"的人也在內）不敢跳出他畫的白粉圈一步。許多地方都隱隱用古文的眼光來解釋現代語。這於古文可說是有功的；但於現代語，却要說是有過的。有的地方，古文裏要那樣分，不見得現代語裏就要那樣分。譬如古文裏《左傳》昭公三十年"公在乾侯"。這裏要用"在"；《左傳》昭公二十九年"公至自乾侯居於鄆"，這裏要用"於"，"在""於"有分別，所以要把"在"算動詞，"於"算介詞；若在現代語，"我在上海"也用"在"，"我住在上海"也用"在"。而且兩個"在"字性質並沒有怎麼樣的不同，為什麼也要說"我在上海"的"在"是動詞，"我住在上海"的"在"是介詞呢？這樣的解法，就會在一小段的說話或文章裏，對於同一的語頭也要說成了不同的詞類，忽而那樣，忽而那樣，弄得說的人頭昏，聽的人也頭昏的。譬如說這樣幾句話：“有一天我走過四川路橋。過橋的時候，……”照現在的文法書說起來就要說“走過”的“過”是介詞，“過橋”的“過”是動詞，這還不是拿人家的腦子來跑馬尋開心？

我想請求一切文法專家多加一點勇氣，擺脫一點傳統，把中國的文法書來改造一番。這是減輕青年文法負擔的一件極緊要的工作。與其擺架子說青年人文章不好，不如先把自己的文法書編編好。倘能倒轉來，用現代語去解釋古文那自然更有味，譬如對於“食之無味，棄之可惜”說就是“吃着無味，棄了可惜”，“之”在這里等於“着”，等於“了”，對於“言之痛心”，也就是“說來痛心”，“之”在這里又等於“來”，對於“言之成理”，也就是“說得有理”或“說得成理”，“之”在這里又等於“得”。這樣就是古文，也會變成比較容易懂的東西。大家何不試試看，倒轉來做出一部書來呢。

我知道這種書，專家裏頭並不是沒有人會做。只是沒有人肯打破傳統來根本改造文法，就是沒有勇氣，恐怕弄得吃力不討好。我朋友裏面，就有人是這樣的。我在這里算是正式提出了一個請求。

讀書和年齡

伯　韓

　　有許多朋友，因為家境貧寒，在所謂學齡的期間，沒有享受學校的教育，到了年齡大了的時候，忽然感覺到讀書的必要，但是又不去眞的拿起書來讀。平常和他們談起來，他們總是嘆口氣道："可惜年紀大了啊！讀了也不記得，生活又忙，怎麼能夠讀出一點結果來？"當初聽了他們的話，我只是憑着自己的直感，拿此話來鼓勵他們。我說："你以為年紀大了就不能讀書嗎？私塾教科書《三字經》早告訴了我們：蘇老泉是二十七歲方纔發憤讀書的，他後來成為宋朝時候的有名作家了。商務印書館很早的時候出版過一本書，叫做《自助論》，是從英文翻譯過來的，那裏面舉了許多的例子，證明成年人學習的成功，其中有好幾個學者都是到了四五十歲方纔學習外國文。前幾年，某幾種中學國文教科書都選過一篇一個《四十二歲的老留学生》（原題記不清楚，大意是這樣），那位老留學生自述他的學習法國語，是如何的用苦功，終於戰勝了他的困難。由於這些例證，我可以肯定的說：只要你下決心讀書，你一定可以得到一點收穫，年紀的大小並沒有多大關係。"我的意思，只是以為應當用熱誠來克服成年人讀書的困難，然而，成年人讀書比較兒童困難這一種道理，我也是默認了。

　　後來，我因為作了兩年成人教育的試驗，對於成年人教育的可能性，有進一步的認識，我知道成年人比較兒童有兩個強點：第一個是他們學習的自覺心和自動性；第二是他們的理解力。本來無論兒童或成人，凡是成功的學習，一定是從需要出發，如果不覺得有迫切的需要，那種學習便會枯燥無味，雖然被家庭和學校一時的限制或壓迫弄得勉強敷衍了一頓也不會有什麼好結果的。成年人因為生活經驗比較小孩子豐富，所以感覺到知識的用處。他們在生活奮鬥中時常遇着有需要增加知識的場合，因此就熱烈地要求學習。學校中許多功課，在兒童期的實❶生活中並沒有迫切的需要，不過作為未來的成人期之準備的修養而已，所以不能引起學生們學習的自覺心和自動性。然而，成年人便都是在需要時學習，所以特別努力，而進步也快。

至於理解力，雖然兒童期也是有的，但是比起成年人來是薄弱得多。有許多道理在兒童是很難懂的，但是對於成人則非常容易了解。特別是社會科學，這種對於兒童是過於複雜而模糊的東西，對於成年人並不是怎樣艱深的。

近來我讀了美國桑戴克的《成人的教育》，更堅定了我的信念：成年人學習的能力並不"退班"。桑戴克是以科學的方法來研究成人教育，他做了許多的測驗和統計，結果證明了四五十歲的成年人，學習能力都不弱於兒童。平常總以為成人的理解力雖然較強，記憶力是一點沒有了，但據實驗的結果，成人的記憶力雖然比較記憶力最強的時期是弱些，但是和很幼的兒童比較，並不弱。所以桑戴克主張把兒童期課程的一部分移到成年期在有需要時學習，而把實際的生產工作加到兒童期去。這樣，既然符合學習從需要出發的原則，又能將工作和學習聯繫起來，的確是一種新的教育制度，不過要能夠充分做到，恐怕非在那種學校和工廠可以在整個計劃之下連成一

❶ 疑丟"際"。——編者註

氣的環境之中不行吧。這個且不多談。現在要說一說一般人對於成年人學習的錯誤認識。

這是我在前面已經提起過的：他們說成年人記憶力薄弱，進步必然很慢。其實成年人的記憶力減退不多，而理解力則大有增進，進步是很快的；只因為成年人太心急，恨不得把一個月的學習材料在一天之內學完，所以便覺得自己的進步太慢了。他們又說沒有時間學習，要像學校一樣整天地學習，才可以獲得一點結果。其實學生在學校中被動的鬆懈的學習，耗費了長時間也不見得有多大的心得，倒不如工作忙迫者在工餘的時間的學習，因為是自動的緊張的，實際的效果大。當然，我們不能否認工作的時間過多，以致缺乏教育上所需要的時間和精力這一事實。我們只有一方面爭取這種時間制——三八制，另方面不輕視工作餘時學習的可能性及其價值，才可以解決我們的求知問題。

我們要相信讀書不只是孩子們的事，任何成年人都應當求知識。即使受過學校教育的人，在學術一天天進步的過程中他如果不繼續地求知識，也會要趕不上時代了。所以沒有讀過書的成年人應當開始讀，讀過的應當繼續讀。但是並不要荒廢了事業去讀書，應當使工讀平行地進展。

學自然科學的人為什麼要讀哲學書

葛 喬

　　譬如你是個學自然科學的人，你每天都在研究數學、物理，有時還忙着到實驗室或工廠裏去實習，你對你腦中所記的數學方程式，或在實驗室裏的實驗報告，當然是很感興趣的。這時，倘若我勸你去讀幾本哲學書，我想你不但會不高興，恐怕還要討厭我咧！

　　當然囉！你不高興並不是沒有理由的。因為在你看來，哲學和你所學的自然科學既無甚麼關係，而且甚麼“主觀”“客觀”“偶然”“必然”等哲學上的名詞，對於你實驗室裏的實習又無一點幫助，與其多費時間去看哲學書，倒不如多演幾道數學題好些。

　　其實，你底這種想法，根本上是不正確的。首先我要告訴你，在哲學和自然科學之間，絕不如你想像的有一個鴻溝存在，他們兩者還有深刻的關係。你若不真正研究自然科學則已，你若要真正的研究自然科學，則你隨處都會碰着哲學難題的。

　　你們天天在研究自然科學，無論你平常研究的是物理、化學也好，植物、動物也好，但你們所研究的總是我們以外的自然界。自然界是個廣汎的宇宙，就是我們人類也是自然界之一部份。我們既是天天在研究自然界，時時在研究自然界，那麼，我們所研究的自然界究竟是一個甚麼東西呢？有人說自然界是物質所構成的，有人說自然界的本質是精神，有人說自然界是上帝創造給我們的，又有人說自然界是自然生長起來的。對於這些問題，我們將如何加以解決呢？我們要解決這些問題，勢必要綜合各種科學的成果，來組織出一個統一的宇宙觀。這個工作，却正是哲學的。所以，我們要了解我們自然界是個甚麼東西，我們非了解哲學不可。

此外，我們知道，自然界是不斷地在變動的，一會兒是白天，一會兒是夜晚，一會兒風吹，一會兒雷鳴，有些地方水在流，有些地方犬在吠。舉凡自然界的一切現象，都是不斷在活動着的。這種複雜的現象我們倘若驟看起來似乎是毫無頭緒，其實，若仔細的加以研究，我們就可發現他們中間是有一定的因果關係和變化法則的。自然科學也就是人類發現自然界中一切因果關係和變化法則的學問。

但是自然界之一切因果關係和變化法則，雖存在於我們之外的自然界，但它必須經過我們人類頭腦的認識，才能成為一種知識。例如：一根二尺長的鐵條我們放在火中去燒，燒到幾十分鐘後，它就膨脹成二尺二寸了，它這種現象是一種自然現象，這現象要經過我們頭腦的認識，我們然後才能理解它是熱則膨脹的東西，我們才能由此以組成我們的知識。你想：倘若只有客觀現象，而無我們腦筋的認識，我們還會有知識存在嗎？

在這裏，問題便來了。有人問你，我們所得的自然界的知識究竟是不是自然界的真實現象？他與我們以外的客觀自然界有何關係？我們對於客觀自然界的認識是否可能？我們看見鐵條受熱膨脹，他是真的膨脹嗎？像這些問題簡直是你研究自然科學中非了解不可的問題，你若不了解這些問題，則你自然科學的研究便不能前進一步。

你是否需要理解這些問題呢？我想：你當然是需要理解的。不過，研究這些問題，理解這些問題的學問，不是別的，卻正是哲學。此外，你知道，你們學自然科學還有許多方法的。你們要觀察，要分析，要從許多事實中歸納原理，又要用原理去演繹事實，你們只要學過論理學或科學方法論，你們便會知道的。方法正是研究科學的武器，不過，你們過去所知道的大都限於演繹法與歸納法。這兩種方法是舊的方法，在科學極端發展的二十世紀，已經是不夠用了。現在，在科學之新的發展中又提供了一種新的方法，即唯物辯證法。過去的許多科學家因為限於舊的方法之內，不能解決自然科學新的發展中底許多問題，因之，使自然科學感到了方法論的恐慌。現在，研究自然科學的人正應努力地把握着這一方法，以領導自然科學之發展。例如中國也有翻譯的《自然科學新論》一書，正是他們研究的成果。這個方法要從甚麼地方去把握呢？當然要從哲學中去把握。

因此，你可以明白：你在研究自然科學當中，你若要了解自然學之本質，要了解我們認識與自然界底關係，並要取得解決自然科學問題之新的武器，事實上非研究哲學不可！否則，你便不能在自然科學研究中有深刻而正確的進步，你即或學了二三十年的自然科學，頂多，你也不過變成了機械與技術的奴隸而已。

寫作之部

一、寫作方法

致青年創作者

夏子美

諸君：我與你們相識已經半年了。在這半年中，我非常地感激你們，因為你們的努力、你們的熱情常常使我不能不提醒自己，鞭策自己。我從你們那里實在得了不少的快慰。

本刊剛發刊的時候，曾有朋友對于"創作指導"發生懷疑，以為未免太狂妄了。這是當然的，我們既不是什麼"家"，也沒有什麼"名著"問世，怎麼配得上去指導別人。不過，我們那時有一個信念：相信這樣一定更能激起大家對于文學的要求，使大家更有發展自己天才的機會，于是我們也就硬着頭皮狂妄地幹下去了。

果然，幾個月的成績，終于把我們這一信念證實了，不僅量的方面，團集在讀書生活周圍的青年文學者，已一天一天地飛躍增加，稿子一篇一篇地從社會的各個角落里飛來，餘下可用的稿子，已集成了一本十餘萬字的特輯；即質的方面，也大有進步。這用不着我們"吹牛"，已有茅盾先生在本刊第九期替我們指出來了。

這一點成績，全是你們大家造成的。

　　我不是存心對你們說客氣話，我們之間是用不着客氣的。對于你們，我只有自愧。雖然在每篇作品的後面，我都板起臉孔地加上幾句按語，雖然單那幾句按語，我已受盡了折磨，絞盡了腦汁，雖然那裏面，也許還包含有我一點自己的實際經驗，包含有一點正確的方法，然而是非常不夠的。我自己明白：我沒有做到我所應該做的工作的十分之一，我並不能滿足你們的最低限度的欲望。

　　指導的任務，實際上只有社會才負得起，但推動的，却是你們自己。

　　你們的努力，在什麼“家”看來，也許要笑掉牙齒，以為你們是在“架雲梯取月”，妄想成文學家；何況，文學足以禍國，已有明訓，卽使都成了“家”，也不過多種下一點禍國的種子。這自然有他們的理由。然而，在我們却是另有一種看法的。

　　我們提高大家的文學興趣，是完全根據你們的實際要求，你們的要求，却又是從你們的實生活出發的。你們生活在苦悶的時代里，你們需要安慰，也需要刺激；你們希望取得別人的同情，也希望對于別人能夠了解。于是，你們選取了文學。如果進一步說，這是社會的要求，這有什麼人能強迫，能阻止呢？

　　我們是絲毫沒有要大家去做作家的希望的，你們也一定不曾這樣希望着。但我們應該相信：作家固不是人人可以做的，却是從許許多多的非作家的努力中產生出來的。文學的發展，不是幾個作家的力量所推動，而是許許多多非作家的力量所推動。文學是人類思想活動最活躍的一種形式，最與社會相呼應的一種形式，那末，作為一個社會人，借這形式來表現自己的一點活力，也就成為很自然的事了。

　　因為這樣，你們的作品，雖然並不是什麼“傑作”，甚至在寫作技巧上，表現出很幼稚，依然進到了應該進到的階段。你們一點用不着臉紅。

你們說出了自己所能說，所應該說的話。你們付給了作品以自己的生命力，從作品內完全反映出你們的生活，和你們觀察社會現象得來的實感。真切代替了空泛，樸素代替了粉飾，單是這一點，就比許多"死抱住死人不放"的所謂成名作家的作品充實得多了。

諸君：你們是不是也有這樣的自信呢？也許沒有。一個初學的人，往往很少自信力的。有時會過份地抬高自己，有時又會過份地看輕自己。這都要不得。你們應該有最低限度的自信力，這樣的自信，可說是使我們努力的推動機。

我常常聽到有人問："怎樣去豐富生活呢？""拿什麼題材寫呢？"這些問題，誠然是很重要的問題，但在你們，是並不那樣迫切的。生活，並不是什麼神祕的東西，所不同于普通的所謂生活，只在文學生活，是比較積極的，是比較更有普遍性的，是站在社會的尖端的。以前的文學，是從"個人"出發，以前的文學者，是要關在書房裏，要兩耳不聞窗外事，過的是極端個人的單調生活。所以提出豐富生活，體驗生活方法，在使文學能從個人情調下解放來。這是文學發展的一種歷史的必然趨勢。從個人到大眾，而這大眾，却正是指着你們而說的。你們多數是店員學徒、流浪人、勞動者，你們的生活，就是最有普遍性，站在社會尖端的生活，只要你們不是有意把自己的生活孤立起來，你們認清自己的生活是包含在社會生活裏面，使自己的活動，成為社會活動的核心，那末，就可以說，你們是有豐富生活的，對于生活是有深切體驗的。有人說：有了豐富的生活，也不一定能夠寫出好作品。這自然不錯。但反過來，能夠寫出好作品來，一定要有豐富的生活，這是一點；另外，有了豐富生活而不能寫出好作品，其實還是因為他對于自己的生活沒有深切的認識，不曾細細的體驗，所以他雖然是大眾隊伍中的一個，他的生活却是孤立的，表面的。諸君：你們試問問自己，你們是否也是這樣呢？自然不是的。你們對于生活都有着積極的嚴肅的態度，這從你們的作品就可以看出。因此，你們用不着過分担心這些的。創作的題材，便是你們熟知的生活，以及圍繞着你們周遭的形形色色，沒有這點自信，那你們就只有陷於空想，無從下筆了。

自信要有的；然而，這却不能以為是隨手拈來，都成"傑作"。這裏還需要選煉，謝謝茅盾先生，他就指出了你們在人物描寫上失敗的原因（載本刊第九期），他說：

一位青年作家，應該首先努力注意他的人物描寫，說得具體些，就是他必須等待他想像中的"人物"成熟為立體的活生生的人，——一個真的人……千萬不要腦中只有一個模糊的影子就提筆！

對於"故事"的結構，他也是這樣告訴我們：必須等待那想像中的"故事"成熟為一個整體，然後拈出那焦點來寫。這都是很寶貴的意見。在你們的創作過程上，這實在是最成為問題的一點。你們的生活是豐富的，你們有寫不完的題材，但是你們往往不能把握住生活的核心，即是你們不能從形形色色的現象中看出本質的特徵來，你們也就不能使想像中的"人物"或"故事"具象化。這不單是技巧問題，同時是題材選煉問題。你們常常感到沒有什麼可寫，也大半要歸到這樣的原因。

要怎樣才能使作品中的"人物"成為"活生生的"，使"故事"成為"整體"呢？這問題如果發展下去，是包含得很廣的，可以說是整個創作方法問題。第一是對于你們自己的生活的再認識。前面曾說到，你們雖站在社會的尖端，但如果是隨便的活着，看不清自己的生活的重要性，看不清自己的生活與整個社會的關聯，尤其看不清生活的核心是什麼，那你對於一切，自然只會有一個模糊的影子，只會感到空洞，感到不實在，結果，不是沒有什麼可寫，便是隨便亂寫。諸君：我請求你們，必須以你們的努力趕快把這缺陷補正過來。你們應該時刻檢閱你們的生活，卽使很小的事也不要放鬆；一定要從偶然中看出它的一般性，從平凡中看出它的特殊性。再拿事實來證明，比如，你是一個學徒，因為做"錯"了事，被老闆打了幾個耳光，這看來是很偶然的平凡的事，但如果你能從學徒跟老闆的關係上進一步想一想，把你日常生活當成整體看，那你一定看出這不是偶然的，平凡的；老闆打你的耳光，並不專是因為你偶然做錯了事，而是一般的老闆的特殊權利，於是，對於這事件，就必然可得到一個更具體更明確的概念。倘是寫成作品，也就必然不是一些浮動的模糊的影子。要作品中的"人物"或"故事"不模糊，首先要對於生活的認識和印象不模糊，這大約是誰也不能否認的吧。

第二，必須對於周圍的環境作普遍的觀察。我們常常要求作品中的典型事件、典型人物的產生，什麼才是"典型的"呢？這決不是作者所能幻想出來的，也不是從一種單純的事件或人物影印出來的。這裏需要多方面的觀察；從多方面的觀察中，才能凝結成為典型的事件或人物。比如，你把你的老闆作為作品中的主人翁，你不能只是把你老闆那付尊容和性格描繪出來就完事，這樣的描寫，無論怎樣的一模一樣，也不能算是眞實的人物，或是典型的人物的，給予讀者的印象也就自然不能深切。你必須由你自己的老闆觀察到許許多多的老闆；從這許多老闆中，觀察他們生活和性格上的一般性，然後溶合鑄成作品中的人物，這才可以成為活生生的典型人物。

這是我對於茅盾先生的意見所要引伸的一點，也就是你們在寫作方法上所最感到困難的一點。其它，關於結構、剪裁，等等，茅盾先生早已對你們說得很清楚了。

　　諸君：我的話，已囉嗦得夠了。我所以要這樣囉嗦的原因，我也想在這裏順便說一下。一是關於本刊整個編輯方面的：本刊從這一期起，編輯上略有改變，主要是關於青年創作這一欄，以後不再在每篇後面下按語，只在每月來一個總評。這樣一來，在事實上可以免得許多困難，在你們大約也不致有什麼損失。一是關於我個人的，我因為職業關係，從這期起，不能不脫離本刊編輯事務，雖然我還是想盡可能在本刊和諸君見面，但畢竟不會有這樣的密切。我和諸君精神上的結合，可以說超過一切“泛泛之交”的朋友，我對於文學是外行，我很自愧常常在諸君的面前東扯西扯，然而能夠有機會和諸君站在一道努力却不能不算幸運。這樣別離的惆悵，便使我情不自禁地胡謅了一大堆。

　　諸君，敬愛的朋友們；別了最後的一句話，希望你們能繼續從實際生活和創作的努力中去學習一切！

一九三五，四，二九

寫些什麼？怎樣的寫？

尹　庚

說到自己開始創作的情形，就是想些什麼，就寫些什麼，筆一捉上手就會嚓……寫下去的。既不知道應該寫些什麼，也不知道應該怎樣的寫。一句話，就是不知道創作方法。

做任何事情，都有方法。創作也有方法。能夠首先知道方法，然後動手，才不至於浪費精力，可以得到較好的成績。

開始創作的時候，簡直只是一個子的瞎攪了一泡。許久許久以後方才明白自己總是攪不好。私下不免越來越懊惱了，終於非去追究一下子創作方法不可了。

創作方法，到底怎麼樣？不用說必須麻煩一番，並非馬上就能夠知道的，當初是自己悶在心裏的，很費勁的去想，想來想去，可是想不通，因此不得不開口去請教朋友。有的朋友，半斤八兩的其實與自己不相上下，唔唔唔的唔了大半天，唔不出什麼道理。有的朋友是很來得的，他就波格達諾夫又盧那卡爾斯基的說了一大堆，不過陳義過高，疑問的關節反而帶起來不少了，頭腦糊裏糊塗的，總是弄不清楚當然非弄清楚不可，因此，偷懶不得，只有自己去翻許多書籍。不過，翻是翻了，無奈議論紛紛，意見相差太大，要自己死心塌地的相信誰的正對，與誰的不妥，也不是馬上就能夠決斷的。所謂知識，並非不管破銅爛鐵，一齊收來就可以算數，也不是皮球打氣一樣，很快的就可以打足，必須仔細選擇，一點一點獵取來的。

　　到了後來，總算給自己粗淺地，整理了一個頭緒出來。正在自己的啟蒙時期，彷彿最先要求知道的通俗理論似的，那是這樣的。

　　自己覺得，是最要緊，是首先的應該明白關於研究文學的根本問題。就是文學是藝術的一種，藝術是社會上層建築的一種，而社會上層建築以下的社會基礎是經濟，社會基礎的經濟機構，是生產力與生產關係，在一定的生產關係的形式中，生產力一天一天的發展，到了發展至極的時候，生產關係就容受不住，彼此的衝突，越來越是激烈，終於給生產力，衝破舊的生產關係，形成一個新的生產關係。社會基礎的經濟機構，所以並非怎樣刻板的，是逐漸變動的。所謂逐漸變動，是指射突然變動而說。新社會基礎的經濟機構，是存在於舊社會的經濟機構以內，正像女人懷胎一樣，胎兒在肚子裏逐漸的成熟，終於生了下來，並非突然的有了胎兒，又突然的生下來的。總之，社會基礎的經濟機構發生變動，就是整個社會發生變動，社會上層建築的政治、法律、道德、宗教，等等，當然藝術也在內的，都跟着變動了。社會是舊的衰老，死了去，新的成熟，生下來，沿着這樣的法則而運動，而進化，而一時代又接替一時代的。所以，文學也是一時代又接替一時代的。要記住文學是屬於社會的一種東西，要根據現實的具體的社會去研究、去創作，方才正確，方才進步的。

　　像是一直從前的時代，是封建社會，是貴族與農奴的生產關係，貴族在政治上，佔了支配的地位。在藝術上，也佔了支配地位，他們過着尊貴優裕的生活，藝術也就表現了古典主義的特性。後來，封建社會崩潰、沒落，資本主義抬頭、發展，於是形成資本家與勞動者的生產關係，藝術的古典主義跟着崩潰、沒落，浪漫主義就抬頭、發展。後來，又有自然主義。後來，又有寫實主義。這些各個階段的藝術，十足的表現了資本主義發展過程之中各個階段的特性，像我們的現代中國，却是一個半殖民地的半封建的社會，因為受着國際帝國主義的資本的操縱，加之國內封建殘餘的摧毀，新興的民族資本已經沒有生路，並且同時捲入世界經濟恐慌的狂風暴雨當中，於是社會上層建築的藝術方面，就有古典主義的，也有浪漫主義的，還有自然主義的，更有寫實主義的，也還更有唯美主義的、野獸主義的，等等，顯得特別混亂，十足的表現了半殖民地的半封建的社會過程的特性。那麼怎樣好呢？

社會是不斷進化着的，這是已經明明白白的。舊社會的支持者，自然固執沒落的意識，不管三七二十一的是如何的妨礙社會進化，但是新社會的運動員，却堅持進步的意識，拚命的發揮推動社會進化的行為。因為彼此的立場絕對相反，彼此的人生觀絕對不同，所需要的藝術，也絕對各別。因此，從事文學，動手創作，就各有各的目的。有的站在舊社會的支持者的那面，幫忙創作欺騙大衆，粉飾事實，緩和反抗情緒等的作品。有的站在新社會的運動員的這面，幫忙創作宣揚真理，要求解放，鼓動鬥爭等的作品，覺得這是自己應該鄭重注意的。

先要確定以上二個問題，就是以社會的眼光去研究文學，和作者應該認清自己的立脚點。這以後，方才可以說到把握創作材料，與如何表現，以及創作態度的話去。

文學現實社會的反映，換一句話說，社會的現實可以在文學上反映出來。因此，人類的思想與感情，即階級人類的意識形態，與自然以及人類生活的客觀的現實，總之，社會萬般的現實，都可以作為創作材料。大之包含一個時代，刻畫千百萬的羣衆，小之描寫一個人物，表現發生在幾分鐘以內的故事。材料是廣泛的，很多的。

不過，假如老是住在亭子間裏，或閨房裏，囿於所見所聞；得來一點浮淺的觀察，創作時候不得不平空虛構，那是不對的。到現在，才子佳人，頹廢浪漫的脚色，個人主義的作家、專寫戀愛的文人，已經幻滅的幻滅，沒落的沒落，消沉的消沉，假如自己不小心，也像他們似的玩一套吟花弄月，或者寫些身邊瑣事，或者引誘讀者去吊膀子與手工洩慾的等作品，縱使技巧巧到十二萬分，也是要不得的。作品製造完成了，設法印出去了，可是進步的讀者瞧也不瞧一眼，屁也不放一個，那已經無聊之至，有時候太看不過去了，嘲笑就來了，甚至於有的臭罵了一頓，那是太可恥了。所以，只有走往複雜的現實的社會，加入羣衆活動的場面，要豐富經驗，充實生活，方才能夠獲得最有意義的許多材料。譬如反帝的，反戰的，反宗教的，反封建的，等等都是，而且都是最理解的，是熟識的。

材料是不愁了，已經有了，那麼可以動手寫了。不過，還要且慢，因為材料複雜，其中有的是正得用的，其中也有的是這裏應該放開的。應該從複雜材料中挑選最主要的，最普遍的，最典型的。挑選出來的人物，無論關於他的生活、習慣、性格、思想、舉動、說話，都須再用心的想想透澈。挑選出來的故事，經過分析、概括、編排，打算怎樣的開頭，可以拐幾個彎，到那裏就宜結束，都須再用心的想想妥當。於是，可以動手打第一番草稿了，說打第一番草稿，這意思是不妨再打第二番、第三番的草稿。

先照顧到整篇的大局下筆了，接着再局部的加工描寫，應該多改幾遍。試問自己，中心意識已經表出沒有？沒有，設法使之表出。如果發覺可以省略去的，自然不要肉痛的給它刪除。那裏是寫得不夠足的話，要認眞的與以相當補充。如有什麼疏闊牽強的地方，就改得綿密自然一些，不要怕麻煩，怕麻煩還是不幹，而況現在正是沒有純熟技巧的基本練習的時候。

　　而最後，還要費神的，那是文字上的工夫了。文字是千變萬化的，自己可以煆鍊一種很出色的。但是覺得寫的嚕囌、軟弱、浮華、呆板、陳舊、晦澀，那不好。能夠寫得簡潔、有力、樸素、生動、明快、通俗才好。每一個字，每一句話，要估量到如何才能夠打動讀者的心坎，訓練羣衆的意志，組織他們的感情！

　　似乎一篇創作的效用是怎樣的？現在大約已經明白了。一個進步的作家的路向是怎樣的？大約也已經明白了。

　　方才是自己創作的開始了。從此以後，必須再接再厲，克苦努力，要多寫，要將文字運用得非常靈便，要多讀名著，以批判的眼光從文學遺產中學習一些好處。創作並非輕巧的事業，不能夠性急。看看中國多少作者，却似乎是很性急的，大致二十二三歲就出了名，二十四五歲就不中用，看到他忽然很有銳氣的抖起來的，也看到他一回兒就軟搭搭的寫下去的。越老越有勁的作家，有是有，太少了。也許因為先天不足，後天失調，急於小小的成就，不謀負重致遠的緣故。吊兒郎當，那裏有好結果？非嚴肅從事不可。

一種最新型式的作品

尹 庚

"你正在為着誰寫作?"

不知道怎樣的,就幹起來了。在以前,這樣的問題,不僅不能夠確確實實的回答,簡直想也不會馬馬虎虎的想到。

"生活環境,對于寫作,非常的有關。"

……在纖巧的生活環境裏面,不能夠產生魄力雄大的作品;在粗糙的生活環境裏面,也就宜於寫些不細膩的東西。如果是關起門來寫的,門裏可以寫的,寫完了,只有寫到隔壁的去吧,這已經是不大能夠發笑的笑話。不過,在以前,這樣的問題,不僅不大清楚,簡直有些糊塗。

這樣的問題,又這樣的問題,問題實在多。不打算趕快的解決,那不是道理。

於是乎,我就注意到我的寫作,到底為了誰?於是乎,我就注意到我的生活環境,曾經住過那樣的地方。

那樣的地方,攤在都會與農村的騎縫線上。我每天早上出門,迎頭碰見的,是噴着黑烟的烟囪,是無數卑屈勞苦的工人。我每天傍晚回家,迎頭碰見的,是冒着土氣的田地,是無數勞苦功高的農人。我就與他們,絡續的熟識,互相的來往,混在一淘生活。

我就此企圖理解他們的生活,觀察他們的行為,學會他們的說話。我一方面,為着他們的迫切需要,幫助他們明白一些問題,介紹許多新興的文學作品,並且教他們讀書寫字。我與他們取得極好的聯絡，彼此互相的教着學着。近幾年來，已經有許多朋友，是這樣做的。

我有了一個新的生活環境了。我打算與我接觸的人羣，作為自己的基本讀者，倒轉來說，就是我將為他們寫作。在以前，我如一般的文學青年一樣，總設法把文章向大雜誌去送，一登出來，覺得有了無上的光榮，想成名，想做什麼作家。但是在以後，我計劃用石印印出自己的東西，印得舊小說那樣的，能夠很便宜的賣給我的基本讀者。他們要是讀了歡喜，我方才高興得跳了，覺得有無上的安慰。

對于自己的基本讀者，他們以前的中心讀物，是些什麼東西？這是不得不檢查一番的。正如許多朋友說的，的確全是《封神榜》《西遊記》《薛仁貴征東》《乾隆皇帝遊江南》……還有《施公案》《七劍十三俠》《兒女英雄傳》……還有《八美圖》《孟姜女》《玉蜻蜓》……這麼的一套爛東西！接到手頭一翻，忍不住皺了眉頭，就別的一下把它丟開。

差不多誰都明白吧，他們雖然陷在頂頂壞的命運裏面，然而他們還是人，他們與任何人同等的，也需要享受藝術，任何人都要唱唱歌，聽聽故事，高興大量獲得精神的糧食。總之，正如男人女人，滿高興有機會抱住了，拚命的去睏睏一樣的，任何人都需要的！不過，事實上，藝術老早成為少數人所浪費的奢侈品了，而分配到目下他們這樣廣大的人羣的，是一塌糊塗的東西！

在他們的人羣中間，一向流行着的小說、演義、傳奇、歌曲……充分含蓄着低級的趣味，與封建的情緒，以及資產階級的意念。這些影響到他們的處世態度，與對於現實社會的認識。所謂玉皇大帝、如來佛、閻羅王、眞命天子、青天大老爺、劍仙俠客、風流子弟、名教禮義，發揮着威嚇、欺騙、蒙蔽、迷惑、麻醉、不要想、不要講、不要動的效力，教他們一切要聽憑命運的處置，彷彿一把揪住他們的腦袋，肚子裏正罵道："不做奴隸，就吃生活。"而嘴巴上却褒獎他們道："務必服從，做一個安分守己的順民！"……

這是不是太豈有此理？是不是應該幫助他們解放出來？答案是說也不用說的。

為的想替換他們的爛東西，我為他們，就先找到許多新鮮有益的東西。而具體的問題，就此卜得卜得打進了我的腦袋。

當我找到許多東西了，分別交給他們去了，於是乎，有的這樣說了：

"哦，太長了，要好幾年方才讀得完！"

不錯，的確太長了。他們在工廠裏面，或者在田地上，整天的做事情，他們沒有多大的空閒；要是短短的東西，給他們去讀，方才適宜的。我不得不給他們，就再找許多短短的東西。不過，這就是困難。而另外，又有的這樣說了：

"哦，簡直是天書，一開頭就不懂！"

不錯，的確太難懂了。他們都沒有錢，學問販賣制度的現在，與學問販賣的商人，要見面交易，談何容易。他們沒有整千整百的大洋，就沒有緣分去進中學、大學。他們辛辛苦苦的，忙忙碌碌的，已經疲乏了，而還偷空的，有心想要讀書寫字，十分難得了。他們讀不懂的，硬要他們讀，那是混賬的，因此，我不得不給他們，就再找許多讀得懂的東西。不過，這就是我的更加為難。而另外，又有的這樣說了：

"哦，沒有味道！"

沒有味道？是什麼緣故？我不得不仔細考究考究了。考究以後，覺得大略的是這樣——在許多年以前，我們中國有了文學革命，以後又有了革命文學。革命雖是革命的，可是都沒有做好。當初，把文言打倒，把白話提倡。但是，以後白話沒有積極的進步，變成新式文言了。同時候，因為趕時髦，一大半弄得洋里洋腔，變成外國八股了。形式已經拉拉扯扯的不三不四，加之，忽視內容上的腐敗的爭鬥，結果變成小白臉的手藝品了。而革命的，又只能夠說是小資產階級的智識份子，為自己同樣的小資產階級的智識份子寫作而已。並沒有為他們寫作。作品上故事，與他們沒有切身的關係，裏面所有的情緒，不是恰巧能夠激動他們的情緒的，這在他們無論如何是不對勁的。要他們讀得有味道，實在也不能夠。我自然不得不給他們，就再找許多讀得有味道的東西。不過，這就是我的更加為難！

不論怎樣的為難，如果不為下來，那不甘心。我給他們找了許多許多書，大約十有八九，都不妥當，我有時候找得十分生氣。生氣的對象，是出版家，與作者。差不多全部的作品，形式上的失敗，作者簡直不曾注意到應該設法挽救，內容方面，也沒有存心是為他們寫作的。有些作品，雖然很有意義，並且有些作品，吃吃力力從外國翻譯過來，雖然的確偉大，但是結構複雜，筆法又怪又長，表現內容的符號，就極不良善了。還有，書出版了，陳列在漂亮的書店裏面，他們一向沒有機會去跑漂亮的書店，偶然的給什麼風吹了他們跑去了，可是一看賣價，太貴，要買也買不起。……經濟上、時間上、精力上、程度上，他們都難有接觸新興文學的機會，就使幫助他們找到許多，吃力不討好，是不用說的。因為實在不甘心，我就硬幹，不可惜再費我的心血。我本來與自己抱了同樣熱忱的朋友有了約，規定了與以前不同的目標，把生活環境另外造成一個局面，再重頭的開始寫作。明白了以上種種為難，倒也就是明白了重新開始寫作的指示。同時候受了他們許多基本讀書的鼓勵、幫助，終於自己跟有了約的朋友，開始寫作了。這樣的我就嘗試起來了，嘗試曾經常常的失敗，不過，失敗是成功的教訓，我不羞怯我的嘗試，這樣的我就嘗試下去了。

我記起他們中間的一個要好朋友來了。他的名字，叫林廣，我最感謝他的鼓勵，幫助。他十四歲，漂流到美洲去，二十四歲，漂流到亞洲來。他差不多的苦頭都吃過，他不但沒有給苦頭苦壞，反而把自己煆煉好了。他是他們的英雄，他是他們的一面旗子。他有一肚子的話，他說得非常有趣，他一開口，大家馬上會豎起耳朵來，都歡喜聽他說些什麼，而且聽了一刻，多會面色通紅了。我就從他那里，選取寫作的材料。這麼一傢伙，我寫過四十多篇。有一次，給好幾個雜誌的編輯先生看到了，說是簡直沒有人是曾經這樣寫過，以為是一種最新型式的作品。我第一次就抄了十篇，稍後決定抽了三篇，送他們發表去了。不過，第二次已經抄得差不多的十篇，竟與還沒有抄的二十多篇，一搭刮子丟失了。當我送林廣到太平洋捕魚去了以後，我意外的有了急事，忽促得連到住處去轉一轉的方便也沒有，一逕到另外的地方去了。就擱了年把，一直幾個月以前，方才重又回來，可是以前所有的東西，都給別人拿去了，三十幾篇文章自然也找不到了。雖然是粗製的，然而並不是濫造的，沒有保留下來，彷彿有點可惜。不過，並不厲害的可惜，基本練習的作品，嘸啥可惜呢，彷彿可貴的經驗，却保留在我的記憶裏面呢。我以後，知道自己寫作的時候，應該怎樣的選取材料。選取怎樣的材料？大略可以說，是他們常常想到的，他們想不清楚的，或者想錯了的。是他們常常要說的，他們說不清楚的，或者說錯了的。是與他們的憎愛，打成一片的，是與他們的利害，有密切關係的。是把他們與社會連結住的，是把他們與同樣的人羣的意志感情交織在一道的。不論認識、感想、希望、要求、悲忿、恨仇、痛苦、快活，是他們同樣的人羣正想告訴他們的，亦是他們正想告訴同樣的人羣的。是前進的意識，是火一樣的感情。……

要與他們共同生活，方才能夠了解他們，要了解他們，方才明白他們需要的文學！

要寫得短，這不用說了，字數每篇最多五千。一向任性的寫慣了，一寫起碼一二萬字，現在要寫得短，似乎有些不痛快，不過，在作者以為寫得痛快的話，讀的人却不痛快了。自己正在為着誰寫作？是不是寫了就完了？是不是寫給別人去讀的？是不是讀的人們非常多？總之，不要拒絕他們這樣的基本讀書，寫得愈短愈好。不是必要的寫景、抒情、穿插，都不必寫。平常慢調斯理地，或者滔滔不止地，要說三十句四十句話，現在就只能夠爽爽氣氣地，捷直了當地，用三句四句話就說開，寫法儘量的經濟。固然寫得不能夠再少了，但是要寫得多一點也大可不必了。

句子要寫得清清楚楚，容易讀得懂，像是一串明亮亮的水晶，一下送到他們的眼前一樣。文言，當然打倒。不言不白，也絕對排斥。白話不要太洋化。賣弄才學，用古怪字眼，自命風雅，故意舖張辭藻，都是不屑的。用字主張有限制，至多用千把字，教他們認得千把字，就可以讀自己的作品。我曾經看到有些知名作家，很驕傲自己用的字，要比別的作家多。以為莎士比亞所用的字，有一萬二千個，普希金所用的字有一萬個，莫利哀所用的字，有七千個，因此竟會翻字典去，勉強挑出字來硬用了。用得多，很高明啊，不過正為文化水準沒有相當提高的他們寫作，是不能夠贊成的。而字彙與語彙，必須分別清楚，為的傳達複雜的感情，語彙是愈多愈好的。……（那時候，是前年了，所以能夠有的主意，並不澈底。我幾個月以前，方才重又回來，方才知道提出大眾語來了。所以，現在覺得要澈底，贊成用大眾語寫，而且贊成寫法拉丁化！敬愛的朋友，假如你看到這裏，不知道大眾語是怎樣的，也不明白寫法拉丁化是怎樣化法的，請看一看《語文論戰的現階段》去吧。我不及在這裏多說，為的比較明白一點，不至於弄錯了，我可以告訴你，這本書的編著者是文逸先生，出版者是天馬書店，定價七毛錢。）

全篇文章的意義，也要寫得越明白越好。一般的作品，向來是講究含蓄、陰喻、暗示、純客觀的描寫，作品的主旨在那裏？為什麼這樣？為什麼那樣？作者多避免直接表示意見。但是，不要忘記正在為着誰寫作！可以大胆的打破任何舊有的條什，不妨完全不管什麼文學派別所規定下來的傳統形式。應該插入一點議論的，要解釋幾句，非指示一下不妥的，如果加以說明是更好的，只要估量他們讀到能夠更加明白、確定、着實，不至於感到枯燥、乏味、嚕囌，都可以。無須賣關子，用不到兜圈子。我覺得這樣並非不藝術，而是把藝術擴大普遍，會在藝術範圍以內，開拓了一個新的視野出來。

我是大略記住以上的幾點，注意着寫作的。當初的理論與行為，實在不容易一致，就是現在也不容易一致，但是，學下去，漸漸兒來，終有一天會一致的吧。暫且不管這些，總之我寫了一篇，又寫了一篇。每篇作品脫稿了，就分送他們讀去了。我隨時考驗自己的。對作為也是批評家的每個讀者，我都要請問請問的。

"你一句一句讀得懂嗎？"

有不懂的，我馬上修改。

"你全篇的意思很明白嗎？"

有些不明白的，我馬上修改。

"你對于這個那個，這樣那樣，什什什什嗎？"

什什什什有些什什什什，我馬上修改。

最後我方才問道：

"你讀了還有味道嗎？"

如果回說，有味道！這可把我樂瘋了！如果說，沒有味道，我失敗了，原因是在那裏一定要嚴厲的查辦，能夠挽救的，我竭力挽救，不能夠挽救的，我撕去拉倒了。

我以前，曾經寫過散文，寫過詩歌，寫過小說，並且還想寫童話，寫戲劇。可是不及別人的多才多藝，一樣也弄不好，以後却只打算這樣的專門弄一樣試試看。我把寫作的標準，規定如此如此。

青年文學者的座右銘

陳頡錄

一，不要寫現實中偶然的東西，應仔細地表達真實，能愈從典型環境中精確地表達典型特徵愈好。

二，要非常地熟悉你所欲描寫的東西。不可求知於"天花板"，不可選材於"指頭"，不要寫傳聞，不要寫你不知道和未研究的東西。

三，不要議論，不要推理，也不要故事式地敍述，而要更形象地更藝術地表現。

四，不要講廢話，應力求簡練、清楚、明確、直樸，詞句要緊密，思想要廣闊。

五，寫作之前，應仔細地思索，悟解所要寫的東西，不可在倉忙中提筆。

六，盡可能地儲蓄你的語彙，盡可能地加深你的修養，不要自命不凡，不要以文學是輕巧的事業。

七，你要把書籍當作你的導師，你的良友，好的書籍你至少得讀兩次。你要從它們找到好處。

八，作詩，要用很大的、細密的工夫。每個字，都要權衡輕重，不能模糊。

九，寫故事，如欲使其生動，當中必須要有環境、人物、肖像，和對話的敍述，以及動作的描寫，等等，不可用死板的、乾燥的含混的言語去寫，也不可用雕琢的、偽美麗的、巧辯的，距談話用語很遠的辭句去寫。應當用明瞭的言語，用生動的言語。

十，寫小品文，注意的中心應在大衆，及它的相互關係、勞動、生活，等等。小品文的主人公，不是自然界，不是材料，也不是生產，不是機器，而是人。

十一，寫戲劇切忌枯燥，愈有趣，表情愈多，演技愈多，愈好。劇中的人物不可沒有個性，在戲曲中萬不可有一個多餘的，無動作，無特性的人物。

十二，認眞地寫作，認眞地修養，多多地接近大衆的生活，青年作家的成功祕訣，就在這裏。

怎樣寫作

丙 生

《讀書生活》的同人在"創刊辭"裏說："我們的理想是，將來的《讀書生活》完全要變作讀者的園地，裏面全部要登載他們的文學寫作、生活實錄、科學研究、時事意見，等等，稿子要從各社會層的角落裏飛來，撰稿人都是不見經傳的生活奮鬥的大眾。"但在目前，他們知道這一種特性還不能充分地發揮，所以當前的《讀書生活》的實踐是特別注意：

一，首先做到對於不大讀書的人提出一個讀書生活的正確觀念，糾正和說服過去所受的一些不良的影響；

二，供給正確而又通俗的科學知識，使讀者從此片斷的知識，漸漸進入較專門的研究；

三，為澈底了解各社會層及職業團體生活的特殊與實況，特別設生活記錄；

四，鼓勵大眾寫作；

五，設讀書問答，解除讀書過程中的疑難。

這五條中間，第三、四兩條是《讀書生活》達到它的"理想"——完全變作讀者園地——的預備工作。我很贊成《讀書生活》將來的理想以及它目前所担負的五種任務，特別是第三、四兩條。《讀書生活》的理想能否實現，先要看最近的將來有多少生活記錄和青年文藝的稿子從各社會層的角落飛來。

《讀書生活》的讀者自然並不缺乏生活記錄和文藝作品的材料。

然而他們一提起了筆，也許會覺得頭緒紛繁，不知從那裏說起好，也許會覺得筆尖不聽指揮，活潑潑的生活記錄會寫成死板板的零用賬。他們寫出來了，也許自己看看不滿意就丟在抽屜裏了，也許寄到了編輯先生手裏，編輯先生也給它發表出來了，但讀者得不到生動的印象。這樣的情形，未必是我的想像。有許多青年常常提出"怎樣寫作"的問題來，就可見有了材料而感得表現困難的，大概並不少罷？

我們也見過有許多書籍或論文回答"怎樣寫作"了。那都是長套的大議論，介紹了前人寫作經驗的心得。這些回答也許是有用處的，也許曾有人得了啟示，但是讀了什麼什麼"作法"之類的書籍而愈弄愈糊塗的青年却也很多。他們本來倒還會寫寫，多讀了"作法"，反弄成不敢下筆了。或者寫了出來却更加死板板的了，於是積極指導作用的什麼"作法"之類，變成一團冷粽子，停積在青年胸口消化不來了。

有材料而感得表現困難的青年是應當學習一點什麼寫作法的。不過那些專書却不能給他們什麼。他們倒是丟開了種種規則，自由獨立的寫去，恐怕要好得多。他們倒是多讀名家的著作，不要預先把什麼寫作法橫梗在心中，只是欣賞地去讀着，恐怕倒能夠不知不覺間讀會了一些寫作法。他們假使要寫一篇生活記錄，那好像是跟朋友或家人談話似的寫下去罷。千萬不要存着我在作文的意思；一有了這存心，就會寫成了死板板的講義體或零用賬了。假使要寫一篇小說，也請千萬不要把寫小說的架子先在自家心裏搭起來；倒是先把自家所要寫的對象精密地整理過了就不拘什麼"形式"寫下來罷。什麼什麼寫作法請你暫且不要放在心上，你寫多了讀多了，你自然會自己產出方法來。

略談題材

胡依凡

幾個文人經常地碰在一堆兒你就可以聽到下面的幾句對話：

甲："你近來寫文章嗎？某某刊物你不是寫了一篇文章？"

乙："那個太糟了！近來真是一個字也寫不出。"

丙："寫東西實在不容易囉。"

丁："可不是，我寫一篇東西就寫了一個禮拜還沒有寫好。"

在這寥寥的幾句對話裏，使人感觸到的是什麼呢？與其說是他們的寫作態度十分嚴肅，不如說是他們能夠拿來寫作的題材過分貧乏了吧。

題材為什麼會貧乏呢？第一，便是實生活的體驗太少了；第二，便是不會把握題材；第三，或者是跟寫作家的認識與勇氣有莫大的關係了。

所謂題材就是客觀現實的反映，沒有實際生活的體驗，固然是寫不出什麼東西來；但不能抓住一切真實的事象的規律性和必然性，就是能夠寫作，也決然不會寫作出正確的現實；如果寫作家而缺乏認識與勇氣，不用說是一定會弄到無一可寫以至不能寫了。

客觀的現實的題材是多方面的。寫妓娼賣淫是題材；寫強盜犯罪，寫男女戀愛、軍閥戰爭工人挨餓，等等也都是題材。所以題材是無限止地展開在社會的各方面，無論寫作家是隱身在那一個社會裏去觀察選擇、搜集和整理，他能憑着自己的科學的觀點，把握住某一事件的中心，題材是同樣無限止地攤在寫作家的跟前的。當前寫作家之所以貧乏無力——會感到簡直一字寫不出；會弄到這樣那樣寫不好；甚至眞要擱筆，害怕——如有些知名作家簡直是自己情願把眼睛蒙起來，這過失都不是單獨限於某方面的。

由於寫作家自己的觀點的模糊或不定，由實際生活中卽使能攫取得許多浮泛的題材而寫作，但這題材的現實性也決然不能得到正當的解答：不是歪曲，便成了武斷。關於這，觀於文壇上各種流派在文學分野上所表現出的各種各色的姿態，就夠瞭然了。

同一的題材，在觀點不同的寫作家筆下，可以表現出各種各色的姿態。這是必然的結果。同一的題材，在同樣的觀點的寫作家筆下，同樣也寫不出一致的見解；如有的便祇是暴露了題材本身的黑暗面，僅僅提出了問題，沒有指示出怎樣解決問題；有的便陷於公式主義，空洞地指出了題材的片段光明面；有的却能夠完滿地展開了題材的進步性，不僅提出了問題，且提示了怎樣處理問題；有的索性寫下了發生相反的、矛盾的結果。這些和那些，都是跟着每一個寫作家本身的主觀上的認識、修養和體驗的能力的差異，使題材的展開，得下不同的效果。

通常所接觸到的一般比較可讀的文學作品，所以會使人發生平庸、重複、壓倦，或者是不快的感觸，一半固是由於一般時下寫作者的偷懶和取巧，一半就由於他們所能拿來表現的題材太不夠了，而且是不會運用題材，糟蹋題材。換句話，便是寫作家本身沒有充實的、正當的認識，且對於各社會層——客觀的現實也理解得太不夠了。因之，文學影響自然也就得着相反的意義。凡此，一般文學者的錯誤，以及走到失敗的路上的原因，都可歸到他們不理解題材的現實性上。因為不理解題材的現實性，所以就有好的題材提供着，他也不能好好的將它運用得恰當。跟着，他們的寫作也就不流於偏見，便陷於狹窄了，甚至把偶然的現象和整體對立了起來。

所謂題材的現實性，是要求寫作家對於某一事件的真實面，都需要有更深入和廣泛的觀察，要使個體的現象——偶然的現象和整體求得統一而去發展它。但這點却正是不易做到的事——尤其對於一般沒有深入社會層的寫作家。所以談到寫作的困難，圓熟的固是一點，但更重要的，還是題材的把握。技巧祇能幫助表現上的便利、活潑和更有力，但對於一篇不好的題材的補救，仍然是無用的。反之，能把握住現實性的題材而寫作，縱使技巧不怎樣高明，而對於題材的展開，是不會感到多大的損害的。——自然，寫作家對於自己的寫作技術，是應當力求進步，以增進自己的文學表現上的力量。

談到這裏，一個寫作者，或者一個渴想從事文學者應該怎樣去把握題材，怎樣使自己可以拿來寫作的題材日見豐富充實起來，似乎是不必再談也可理解了。這答案也就是：要不斷增加自己的社會體驗——不僅要知道它，而且必須理解它，不斷地鍛鍊着自己的意志——堅實着自己的認識與勇氣，題材是像無盡的寶藏擺在一切寫作家的面前。

二、寫作經驗

我怎樣寫《鄧熙華》的?

方士人譯

想來大家一定都認識，這位塞基·鉄列捷珂夫原來就是寫那本震動過全世界的《怒吼罷中國》的作者。他最近的一部作品，用我們中國四川省的名字做書名，一看就明白，那也是寫的我們中國事情。在這一篇短文裏，他把他寫《鄧熙華》時所用的創作方法特別提出來討論。他把他所用的創作方法，和傳統的美文學的方法對立起來，稱為"紀實文學"（Literatuer of facts）的創作方法，這是很值得我們討論，很值得我們學習的。

——譯者

《鄧熙華》是一本論爭性的書，而且具有兩重的意義。

在中國住了好久，和中國民衆發生了親密的接觸，我就常常覺得很奇怪，那些描寫殖民地的外國小說，關於這個希奇古怪的國家怎麼捏造出了這麼許許多多的鬼話來呢？瞎三話四地說什麼中國文化莫明其土地堂啦！說什麼中國文化是不合情理的啦！說什麼黃種人和白種人是不相容的啦！說着這些荒唐的話，心裏所存的鬼計不久也就分明了。這一切都是捏造出來的，一方面是想勾引白相人和小販子趕快向這個就要被殖民地化了的國家裏面跑去呀，另一方面呢，卻又叫他們小心提防，不可和這個國家親近得太肉麻哩！

因此，《鄧熙華》的第一個任務，就是要將中國人物被鍛鍊成的道路作一幅明細而嚴謹的圖畫，並且將典型的傳記所依據的材料和事件都提供出來。

第二個任務完全是爭論的，而且和蘇聯目前的文學論戰是站在一條路綫上的。這些討論集中於這個問題，就是一個活着的人應該怎麼樣被描寫呢？用傳統的美文學的方法麼；還是用"紀實文學"的創作方法呢？

（一）他們主張什麼

當抱着第一種態度的代言人說"研究了十個眞實的人，就從這十個眞實的人中間創造出第十一個觀念上的英雄來"的時候，我和那些與我同意的人們一起，表示反對，認定"具有典型特徵的最大限量的一個中題，必須被檢出而加以分析，然後必須將發展的一般原則怎樣貫通着這個主題，表現清楚"。

在寫《鄧熙華》中所用的創作方法，是一個新聞記者的方法，就是說，訪問記事的方法。我和鄧熙華在一塊兒工作了六個月，差不多每天都和他會面，用他那拙劣的俄語他把他的生活告訴我，他不會說的，他就畫給我看。如果他不能夠用圖畫來表達出他的意思，我就速寫：構成一副床架子的各種要件，一隻水壺的輪廓，籃子吊在扁担上的樣子，任執行死刑以前人們的安排。

對於他並不是一件輕易的工作。我要求關於細微末節的詳詳細細的敍述。將這些細微末節的小事情作為每天規定的一種功課來處理，一個人是會覺得十分厭倦了起來的。

當他說"晚飯後我就要到寢室裏睡覺去了"的時候，我總用這樣的話來打斷他：

你先洗一洗身麼？水是冷的還是熱的呢？在一隻水盆裏還是在自來水龍頭底下？用你的手洗呢，還是用一塊毛巾？洗臉麼？洗頭麼？洗頸項麼？洗肩膀麼？你依什麼程序脫去你的衣服呢？你把你的衣服放在什麼地方呢？床先已鋪好了麼？還是你自己親手去佈置呢？床上有些什麼東西？有多少墊褥？它們是用什麼東西裝的呢？有多少被單？是那一種被：羽毛被麼？棉被麼？還是羢被？你把你的頭蒙在被窩裏面睡麼？你睡得很安靜麼？你從床上跌下來過麼？你在夜裏醒來麼？

（二）　四川的床

從這一類的詢問裏，我就很明白，四川的床完全不像床，却是有一個床頂的複雜的建築物，倚在牆壁裏，夜裏拖出來。

順便提一提吧，關於床頂。鄧君並不曾提起過它們，我也不曾問起過沿着牆壁爬，在天花板上爬着的蟲子。只是當我問他夜裏馬陸會不會從天花板上落到他身上來的時候，他這才很驚奇地回答："床上有一個床頂，它們怎麼能夠落下來呢？"

我作為訪問者的網，完整而且異樣，網眼小得正好，是凡眞正有興味的而且是典型的事實都無從遺漏。看起來已經捕到"魚"的地方，我拖起我的網的時候那種堅忍的精神，也已經得到了好結果了。

這里是一個很有趣味的插話。

鄧君，還是一個小孩子的時候，常到他家庭附近的河邊上去散步，但是他從來不曾參加過漁夫家小孩子們的遊戲。當我問起這件事的時候，他回答：“母親不許。她會發怒的。”

這眞莫明其妙了，一個小小孩子，在完全沒有人干涉的地方，為什麼還要服從這麼一種訓誡呢？那是對漁夫的兒童們表示階級的嚴肅麼？對他的母親無上的訓服麼？性格中某種缺陷的表示麼？平凡呢還是容忍？

我言歸正傳：“你的母親並不在河邊上監視你呀！你可以拍通一下跳到水裏去，回到家裏的時候，裝做沒有什麼事情一樣好了。她不會看得出來的。”鄧君卻輕快地回答說：“她會看得出來的，因為花兒會從我的手裏被冲洗掉啦！”

（三） 她畫花兒

似乎鄧君的母親，在允許她小兒子出去散步以前，要在他的手掌心上先用中國墨筆畫些花兒，當他回家裏的時候，他必須把手掌心伸給他的媽媽看一看。如果花兒被冲洗掉了，媽媽怎麼樣打小孩子們，他已看見過，而且不止一回了。兒童行為中的一種新的反射便這樣被洩露了出來。

我相信，只有在作者對於他所訪問着的那個人的環境具有充分的了解的時候，生活訪問法（the Bio-Interview Method）應用起來才有效，我常常必須要引起他回答的動機，不然的話，我決不會得到什麼回答。比方說，在分析學校遊戲的時候，我對鄭君提起“打拳”的遊戲，他本來倒已經完全忘記掉了。那對於他是多麼普通的一件事呀。

不管我們彼此是怎樣的相互信任，我却不得不調查關於他傳記

裏的內心生活方面的許許多多的事情，問問鄧君的明友，有時我竟
得到了意想不到的回答。對我談起他的婚姻和戀愛事件來，鄧君總
是自稱為一種英雄，他認他的環境曾經很殘忍地壓迫過他的戀愛的
力量。其實這是不眞實的。

（四）選擇事實

大概說起來，將那些用訪問的方法所蒐集起來的事實，加以選
擇而且使它特別的明瞭的問題，便是生活訪問者的主要創造性之一。
後者的觀念必須領導被訪問者，不要被許多基本的事實所牽制住。
同時，訪問者必須能夠敏銳地感受新的觀念，如果累積起來的事實
已開始無形地破壞了他的本來的計劃。

在鄧君身上，我竟僥倖地發現了一個人，二十世紀第一個二十
五年中一個中國智識分子的典型的事件和性格的特徵，在他的傳記
中多樣地被描繪着。鄧熙華的童年時代，很特殊地，使我想起了我
的幼年，在一個中國童心的旋律中我竟發現了我自己傳記中的陪音。
將所有資料詳詳細細的敍述得很充實，並不會破碎了人的性格。相
反的，這種充實却使性格表現得特別顯著，就好像是機構，由它們
的輪廓支持住一樣。

安得生對於寫作的話

蔣懷青

安得生（Sherwood Anderson）於一八七六年，生於美国渥玄俄州克萊達村（Olyde）。雖說他以前也曾寫小說，但是沒有出版過，一直要到四十歲時，才出版了他的第一册小說《麥克費生的兒子》（Windy Me Pherson's Son），此後每年出版一部長篇，或一册短篇小說集，那些正像德萊塞（Thesdore Dreiser）的小說一樣，在消極方面說，沒有形式，不拘於普通的結構；在積極方面說，則捉住了生命的本質，而把它結晶在一種語法或一種描寫裏。自他在一九一四年，發表了他的最初的故事《兔子的筆》（The Rabbit Pen）以後，名聲日高，至一九二一年他的《蛋的勝利》（Triumph of the Egg）出版，就達到了國際的聲譽。他的作品有《前進的人們》（Marching Men）、《可憐的白人》（Poor White）、《維凡斯堡·渥玄俄》（Winesburg Ohio），以及前年出版的表示了他的新的轉變的《超越了願望》（Beyond Desirc）等。

我很早就相信粗糙是一種眞有意義的現代美國文學底產生裏不可避免的性質。在我們中間，還沒有精巧的思想，還沒有精巧的生活，這個明白的事實，誰能否認呢？如果我們根本是一種粗魯像孩子般的人民，那我們的文學怎能希望逃避這事實的影響呢？眞的，為什麼我們定要希望它去逃避呢？

我們先應該接受某個眞理。為什麼我們美国人，定要想裝出一種不屬於我們而僅屬於舊陸地的精巧的外表呢？當我們還不曾受到我們應有的生活時，怎能就談到智慧，和智慧的生活呢？在大部分美國的著作裏，有的只有"死"。你能夠懷疑我的話嗎？想一想一般雜誌上的光滑精美的小說。結構詞藻，常常是很精巧，可是沒有現實性。這樣的作品，可算是重要嗎？回答是：這些最流行的雜誌上的小說，不論是長篇短篇，沒有能在我們心裏生存到一個月的。

這事我們要怎樣去做呢？在我說，我們作者應該以更大的勇氣投到生活裏去。我們應該開始來寫出羣眾的生活。我們的內心裏，是應該有這一點勇氣的。照現在我們所走的路繼續走去，很是危險。把我們與羣眾分離開來，生活在小團體裏，自以為是獲得了智慧，這樣下去，是沒有結果的。我們僅能希望產生一種與目前美國實際生活不發生關係的文學。

自然囉！照我所說的去做並不是件容易的事。美國是一處客觀地寫作，客觀地思想的地方。新的路徑將開闢起來。主觀的衝動將為我們所擯棄。因為它接近生活，它纏作出粗糙片斷的形式。它所導往的路，是這些美國散文大作家，像詹姆士（James）、荷威爾（Howells）所不要走的；但如果我們要有所達到，我們就非走這條路不可。

路是粗糙的。知道我們美國、瞭解我們城市生活的人，誰能夠閉着眼，把此地大部分的生活是醜惡的這個事實輕輕地掠過呢？我們以一個小百姓的資格，投在工業制度裏，覺得工業制度並不是可愛的呀。如果有誰說能在美國工廠都市裏，找出美來，那我倒希望他能指示我美的所在。我生活在工業生活裏，在我看起來，這全個東西正像現代戰爭一般的醜惡。我已接受了這個事實，我相信前進一大步就能達到，只要是它被更普遍地接受了的時候。

我常常被人質問，為什麼粗糙、醜惡是必需的呢？為什麼像德萊塞（Dreiser）先生那樣一個人，不能以早期的美國人的精神來寫作呢？為什麼他不能看見生活的詼諧面呢？我們所要的是健康的音調。在馬克·吐溫（Mark Twain）的作品裏，有着些健全、美妙的東西。為什麼現代人不也健全美妙呢？

對於這問題，我可回答說，在我看起來，像德萊塞先生才可說是健全。他對於周圍的生活是有些真實的，這真實常常是健全。馬克·吐溫和惠特曼（Whitmon），寫出另一個時代，寫出一個山林河流的陸地。他們那時候，美國生活的主要情調，是大言的筏夫，和滿胸生毛的樵夫。而今日是不同了。今日美國生活的主要情調是工廠工人。我們瞭解了這個事實，才可以用新的觀點來論到現代小說家的任務。

我相信，小說家的作品必需常常離開哲學思想的範疇之外。你們真實的小說家，是一個熟知他那時代的生活的人。他一生生活，不是生活在他自己的範圍裏，而是生活在羣眾的中間。他的腦海裏，湧着各色各樣的人物，一羣一羣的人物。從許多人物裏，浮出一個來。如果他全然體驗了他周圍的生活，而那生活是粗糙的，則這浮出來的人物將也是粗糙，將粗糙地表現他自己。

我不知道一個人走在主觀寫作的路上，能走得這樣遠。我可說這事情迷惑了我，想把你自己過深地沉到現代美國工業生活裏去，這思想，真有些近乎瘋狂。

但我滿意於這條路，因為除此再沒別的路了。如果一個人要避免巧妙光滑的寫作，他至少要做到和他兄弟為兄弟，而且要像他那時代人們的生活而生活。他一定要和他們，共分他們生活粗糙的表現。只有到我們孫子那代手裏，才有特權來產生一種更優雅更精彩的美國著作。我希望那時候，會是真實，但現在是不真實的。在這許多美國青年裏，我之所以祇信託那些現代文學的冒險者，也就是這個道理了。在散文的那種精巧優美的禮物未屬於我們之前，將有許多粗糙雜亂的美國著作出來，這是我敢斷言的。

編後記

　　李公樸（1902~1946年），字晉祥，少時自名公樸。偉大的愛國主義者，堅定的民主戰士，中國民主同盟早期領導人，傑出的社會教育家。1902年生於江蘇省武進縣，1928年，前往美國俄勒岡州雷德大學留學。回國後，李公樸積極投身於反內戰、爭民主的進步運動。創辦旨在改變青年人生活的申報流通圖書館。1936年底，該圖書館藏書增至三萬多冊，擁有二萬多讀者，其中青年學生讀者達四千多人。1935年，在"左聯"和"社聯"的革命文化工作者的影響和推動下，李公樸在上海創辦《讀書生活》半月刊，在新文化運動中產生了極大的影響和作用。第一部中譯本《資本論》便是由《讀書生活》出版社出版。《讀書生活》的宗旨是主張理論密切聯繫實際，提倡學習讀書與社會生活統一，強調在生活中學習和在學習中生活。《讀書生活》創設了生活記述欄，經常公佈當時全國各地的工人、農民、學生、小店員的生活情況，引導讀者在逆境中學習和生活。1946年，李公樸遭國民黨特務暗殺而犧牲。

　　1936年，讀書出版社出版李公樸所編《讀書與寫作》一書。該書分為"讀書之部"和"寫作之部"，收陶行知、曹聚仁、章乃器、征農、柳乃夫、李公樸、周楞伽、夏子美、蔣懷青等人所寫的有關讀書方法和經驗、寫作方法和經驗的44篇文章。这些文章大多切中現实生活，深入浅出地阐发读书和写作的道理，对于指导青年人的学习和生活，引导青年人不断进步具有积极的启发意义。

本社此次印行，以读书生活出版社 1939 年出版的《读书与写作》為底本進行整理再版。在整理過程中，首先，將底本的豎排版式轉換為橫排版式，並對原書的體例和層次稍作調整，以適合今人閱讀；其次，在語言文字方面，基本尊重底本原貌。與今天的現代漢語相比較，這些詞彙有的是詞中兩個字前後顛倒，有的是個別用字與當今有異，無論是何種情況，它們總體上都屬於民國時期文言向現代白話過渡過程中的一種語言現象，為民國圖書整體特點之一。對於此類問題，均以尊重原稿、保持原貌、不予修改的原則進行處理。再次，在標點符號方面，因民國時期的標點符號的用法與今天現代漢語標點符號規則有一定的差異，並且這種差異在一定程度上不適宜今天的讀者閱讀，因此以尊重原稿為主，並依據現代漢語語法規則進行適度的修改，特別是對於頓號和書名號的使用，均加以注意，稍作修改和調整，以便於讀者閱讀和理解。最後，對於原書在內容和知識性上存在的一些錯誤，此次整理者均以"編者註"的形式進行了修正或解釋，最大可能地消除讀者的困惑。

文 茜

2016 年 6 月

《民國文存》第一輯書目